T0161680

« Le mode d'être artistique d'une œuvre peinte est celui qu'elle tient de l'artiste et de l'art auxquels elle doit d'exister.
Le mode d'être esthétique d'une peinture est celui qu'elle tient de l'expérience par laquelle et dans laquelle elle est appréhendée comme œuvre d'art ».

Étienne Gilson de l'Académie française
fondateur de la collection

l'esthétique de la musique

dans la même collection

Jacques AUMONT, *Le montreur d'ombre*, 2012.

Éric ALLIEZ, avec la collaboration de Jean-Clet MARTIN, *L'œil-cerveau. Nouvelles histoires de la peinture moderne*, 2007.

Laure BLANC-BENON, *La question du réalisme en peinture. Approches contemporaines*, 2009.

Alain BONFAND, *Histoire de l'art et phénoménologie*. Recueil de textes 1984-2008, 2009.

– *Le cinéma d'Akira Kurosawa*, 2011.

– *Le cinéma saturé. Essai sur les relations de la peinture et des images en mouvement*, 2 e éd. revue et augmentée, Vrin, 2011.

Fabienne BRUGÈRE, *L'expérience de la beauté. Essai sur la banalisation du beau au XVIII e siècle*, 2006.

Noël CARROLL, *La philosophie des films*, avant-propos et traduction par É. Dufour, L. Jullier, J. Servois, Anna C. Zielinska, 2015.

Anne-Marie CHRISTIN, *Poétique du blanc. Vide et intervalle dans la civilisation de l'alphabet*, 2009.

Danielle COHEN-LEVINAS, *La voix au-delà du chant. Une fenêtre aux ombres*, 2006.

– *L'opéra et son double*, 2013.

Thomas DOMMANGE, *Instruments de résurrection. Étude philosophique de La Passion selon saint Matthieu de J.-S. Bach*, 2010.

Formalisme esthétique. Prague et Vienne au XIX e siècle, textes réunis et traduits sous la direction de C. Maigné, 2012.

Roman INGARDEN, *Esthétique et ontologie de l'œuvre d'art*. Choix de textes (1937-1969), présentation, traduction et notes de P. Limido-Heulot, 2011.

– *L'œuvre architecturale, 1945*, introduction, traduction et notes de P. Limido-Heulot, 2013.

G.E. LESSING, *Traités sur la fable*, précédés de la *Soixante-dixième lettre*, suivis des *Fables*, édition bilingue, avant-propos de N. Rialland, postface de J.-Fr. Groulier, 2008.

K. LÜDEKING, *La philosophie analytique de l'art*, introduction et traduction par J.Fr. Groulier, 2013.

Jacques MORIZOT, *Goodman : modèles de la symbolisation. Avant la philosophie de l'art*, 2012.

Frédéric POUILLAUDE, *Le désœuvrement chorégraphique. Étude sur la notion d'œuvre en danse*, 2009.

Roger POUIVET, *L'ontologie de l'œuvre d'art*, 2010.

Patricia TOUBOUL, *Instruire par l'image. Fénelon et les arts du dessin*, 2012.

Eugène VÉRON, *L'esthétique*, 2007.

Lambert WIESING, *La visibilité de l'image. Histoire et perspectives de l'esthétique formelle*, traduction par C. Maigné, 2014.

Clélia ZERNIK, *L'œil et l'objectif. Psychologie de la perception à l'épreuve du style cinématographique*, 2012.

essais d'art et de philosophie

Carl Dahlhaus
l'esthétique de la musique

traduit et annoté sous la direction de de Julien Labia par
Julien Farges, Julien Labia, Charlotte Loriot,
Nathalie Lucas, Elise Marrou, Alain-Patrick Olivier,
Francesco Peri, Nicolas Rialland

introduction de Julien Labia
postface d'Antonia Soulez

Ouvrage publié avec le concours du Goethe-Institut dans le cadre
du programme franco-allemand de coopération
avec la Maison des sciences de l'homme et du Deutscher Akademischer
Austauschdienst. Office allemand d'échanges universitaires

Deutscher Akademischer Austauschdienst
Office allemand d'échanges universitaires

Édition originale : © Carl Dahlhaus, « Musik-Taschen-Bücher » 255,
Theoretica, tome 8, Köln, Musikverlag Hans Gerig, 1967.

directrice de collection :
Jacqueline Lichtenstein

© Librairie Philosophique J. VRIN, 2015
6, place de la Sorbonne, Paris V e
ISSN 0249-7913
ISBN 978-2-7116-2660-1
www.vrin.fr

introduction

une introduction à redécouvrir, qui fut aussi un commencement

Ce texte de Carl Dahlhaus est son premier grand ouvrage publié. Si l'on peut s'étonner qu'il n'ait jamais fait l'objet d'une traduction française, on peut le comprendre après sa lecture tant la traduction de la langue complexe, raffinée et volontiers technique du *Musikwissenschaftler* est délicate. On a également préféré jusqu'ici la traduction de textes de Dahlhaus portant sur des thèmes précis, monographies ou synthèses historiques, en négligeant ceux qui lui donnent une stature d'auteur à part entière.

L'ouvrage se présente comme une introduction générale à l'esthétique de la musique. Sa lecture dans cette seule optique peut cependant être déroutante. Le lecteur pourra s'étonner, au fil de l'ouvrage, de la technicité de certains développements et du goût de l'auteur pour la complexité et l'aporie. Il s'agit au fond pour Dahlhaus de mettre au jour ses qualités de chercheur et d'enseignant, autant que d'exposer les développements sinueux de l'Esthétique de la musique. Croire en la possibilité de cette double présentation et la réaliser dans un livre est sans doute le propre d'un grand maître.

Dahlhaus remplit pourtant parfaitement le cahier des charges d'un texte d'introduction, si l'on considère attentivement l'ensemble de son parcours. Bien des grandes conceptions philosophiques de la musique sont abordées, citées, commentées d'une manière souvent ingénieuse, pour ne pas dire inventive. Des auteurs moins connus, mais historiquement importants pour le discours philosophique sur la musique, comme F. T. Vischer, sont mentionnés et clairement présentés. Nous avons également été sensibles, dans l'appareil critique du texte, aux références plus récentes citées par Dahlhaus. Elles brossent un tableau des relations du *Musikwissenschaftler* à ses collègues et contemporains. Nous avons cependant limité le nombre et le volume de ces notes pour ne pas briser le fil, parfois sinueux, de la réflexion de Dahlhaus au fil de l'ouvrage.

une méthode unique et productive

La présentation des références attendues se fait en effet dans le désordre dans ce livre, en suivant le fil parfois ténu d'une pensée complexe, et d'une manière toujours problématisée et originale. Il est ainsi intéressant d'examiner les intitulés des autres ouvrages publiés dans la collection d'origine « Musik Taschen-Bücher [1] » chez l'éditeur Hans Gerig : il s'agit à chaque fois d'introductions, solides mais plus didactiques, à différents domaines de la musique (la psychologie ou la sociologie de la musique, la critique musicale, la théorie de l'harmonie). Ce livre de Dahlhaus parvient à l'être, lorsqu'il le faut, tout en étant aussi bien plus : il faut en effet voir en lui le livre fondateur d'une suite d'ouvrages sur la musique

---

1. « Livres de poche sur la musique ».

dont on ne saurait trop souligner l'importance et la fortune critique. Si l'Œuvre de Dahlhaus fut parfois critiqué [1], personne n'a jamais nié son intérêt ni sa force, que distinguent la sûreté de son style autant qu'une indéniable hauteur de vue.

Dahlhaus suit toujours le même schéma dans ce livre, choisissant de partir d'une citation dont il fait une sorte de motif philosophique plutôt que l'objet d'un commentaire classique [2]. C'est à partir d'elle qu'il parvient à présenter, non seulement l'auteur en question – on ne trouvera aucun académisme dans ces présentations originales et très synthétiques – mais surtout les problèmes qu'il lègue à l'esthétique de la musique. Comme s'il fallait retrouver en amont du texte une question implicite, à laquelle il fournirait une réponse, et qui donnerait à sa juste lecture un poids pour l'avenir.

Dahlhaus construit ainsi son livre en surprenant souvent le lecteur, comme lorsqu'il prend la défense du *préjugé* dans la critique musicale, au nom de sa productivité : « Nul besoin de partager les hypothèses de ces époques révolues, ni de vénérer leurs idoles pour pouvoir participer aux révélations qui leur reviennent [3] ».

---

1. Philipp Gossett a notamment contesté le pluralisme que revendique Dahlhaus dans son écriture de l'histoire de la musique. On pourra lire à ce sujet la réplique de P. Gossett à J. Robinson, qui défendait sa traduction de la *Musique au 19ᵉ siècle* de Dahlhaus, dans la *New York Review of Books*, 26.04.90. Pour un état complet sur Dahlhaus aujourd'hui, on peut consulter le très riche mais difficile d'accès *Carl Dahlhaus und die Musikwissenschaft, Werk, Wirkung, Aktualität*, édité par Hermann Danuser, Peter Gülke et Norbert Miller, en coopération avec Tobias Plebuch, Argus, Schliengen, 2009.

2. Il ne se prive pas par ailleurs de citer divers commentateurs.

3. Chapitre 14, p. 175. Nous avons consacré à cette question un article, « L'idée de critique musicale chez Dahlhaus : réalités, fondements, perspectives », à paraître dans Timothée Picard (dir.), *La Critique musicale au xxᵉ siècle*, Presses Universitaires de Rennes, 2016.

se présenter
tout en présentant les autres

Quand il ne part pas d'une citation souvent complexe et bien choisie, Dahlhaus s'appuie parfois sur un montage original entre plusieurs fragments. Il tisse ensuite sa toile, s'écartant du sens d'origine pour développer sa propre idée, explorant le texte originel en le dépassant. L'idée de voir l'art comme un « organon de la philosophie[1] » chez Kant ne saurait manquer de surprendre, l'expression et l'idée originale revenant notoirement à Schelling. Et Dahlhaus retient également de Kant l'idée dite « utopique[2] » selon laquelle il ne faut jamais oublier le jugement du public, qu'on peut imaginer étonnante sous la plume d'un *Musikwissenschaftler* écrivant à une époque d'Avant-garde. On mentionnera parmi ces lectures toujours originales celle de Schopenhauer à partir de Hegel[3], ou celle de Hanslick à partir de Humboldt[4]. Les références aux pensées du langage sont d'ailleurs toujours importantes chez Dahlhaus.

Un trait propre au travail de Dahlhaus est en effet l'égale distance qu'il maintient entre des références philosophique classiques (dites « continentales »), et des questions que l'on trouve plutôt chez des auteurs anglo-saxons. Il est en cela d'une très grande actualité. Son attention à l'œuvre d'Ingarden, entre la phénoménologie et l'ontologie[5], montre son ouverture d'esprit : toute question pertinente est bonne à prendre selon Dahlhaus, quelle que soit son origine.

---

1. Chapitre 5, p. 92.
2. Chapitre 1, p. 42.
3. Chapitre 7, p. 105.
4. Chapitre 9, p. 116.
5. Treizième et avant-dernier chapitre, p. 155.

La méthode de Dahlhaus révèle aussi en plusieurs endroits un adepte des raccourcis, voire des ellipses : il étudie ainsi les arguments kantiens avec un vocabulaire subitement beaucoup plus contemporain, faisant référence à des expériences de psychologie du son portant directement sur notre perception.

Les enchaînements des chapitres ont aussi de quoi surprendre : on abordera ainsi la critique musicale et la question très concrète de ses critères de références après une réflexion phénoménologique où l'on croise notamment Brelet, Bergson et Husserl [1]. De même, un riche développement sur le formalisme, dont la modernité et l'influence sur la pensée de Dahlhaus sont indéniables, sera suivi d'une analyse assez détaillée de la *musique à programme* [2], quand l'inverse aurait été attendu d'après ce que l'on sait des idées de Dahlhaus et de la musique de son temps. Il ne faut pas tant voir dans ces enchaînements surprenants une provocation qu'une volonté de laisser la parole à l'accusation puis à la défense. Le tribunal de la raison dahlhausien tient plus de Hegel que de Kant, en tant qu'il s'attache à construire une histoire riche en médiations, soucieux de sauver tout ce qui peut l'être.

Les sources de Dahlhaus sont à l'image de sa grande culture et de son goût pour la précision. Nous nous sommes efforcés de retrouver en certains points le pourquoi de ses commentaires, et celui du choix de ces textes. On ne peut parfois sur ce point qu'ouvrir des pistes, tant Dahlhaus aime dérouter. Au lecteur de choisir les siennes. Certains des choix faits dans des ouvrages monographiques de Dahlhaus aujourd'hui traduits en français, connus et beaucoup commentés, s'éclairciront à la lecture de ce texte qui en livre certains principes. Mais il y a aussi chez Dahlhaus un peu du style du conférencier : des piques, parfois, mais surtout des choix qui

---

1. Chapitre 13, p. 153.
2. La musique à programme est le sujet du dixième chapitre, quand le neuvième portait sur le formalisme.

réveillent l'attention, interrogent ou déconcertent délibérément. On ne s'y trompera pas cependant : ce style est bien plus souvent la marque d'une pensée complexe que celle d'une simple rhétorique de l'*in cauda venenum*.

une lecture problématisée de l'histoire de l'esthétique de la musique

Soucieux d'éviter les lieux communs, Dahlhaus choisit en effet de surprendre plus d'une fois, comme lorsqu'il commence son premier chapitre sur l'Histoire… en parlant de Schoenberg [1]. Le *Musikwissenschaftler* ferme ainsi d'entrée de jeu la porte à une exposition chronologique de l'Esthétique. Malgré sa référence à la méthode rigoureuse fondatrice de Spitta [2], sa lecture de l'Esthétique de la musique ne sera jamais strictement *historique*. La *Musikwissenschaft* allemande englobe en effet plus volontiers encore que la « Musicologie » française le discours proprement philosophique sur la musique. Elle est redevable en grande partie à Dahlhaus de cette ouverture d'esprit, et la densité philosophique de ce premier texte pourrait surprendre plus d'un philosophe non averti.

Au contraire de ce que ferait un historien, les vues pertinentes de Dahlhaus sur l'effet de la musique chez Herder seront ainsi, dans le chapitre final, le fruit d'une relecture de ce père de la pensée allemande… à partir de Karl Kraus : « L'immédiateté véritable n'est pas celle qui est *première* (ce paradis perdu qui n'en était pas un), mais celle que la médiation de la réflexion fait *seconde*.

---

1. Chapitre 1. Schoenberg revient ensuite à la fin du 4e chapitre, puis dans le dense chapitre conclusif. On notera qu'*Esthétique et création musicale* de Gisèle Brelet (Paris, P.U.F., 1947), qu'on trouve dans toute bibliothèque de *Musikwissenschaft* en Allemagne, commence justement par une référence voisine au *Traité d'harmonie* de Schoenberg.
2. Chapitre 12, p. 145 *sq.*

"L'origine est le but", et non le point de départ, pour reprendre une formule de Karl Kraus[1] ».

Ces chapitres ne sont donc jamais à proprement parler des « moments » de l'esthétique de la musique, mais toujours des *blocs de sens retrouvé*, des problèmes parcourant l'histoire d'une unique esthétique de la musique, irréductibles aux « problèmes d'un temps » qu'une présentation par chapitres historiques (« Problèmes apparus au XVIIIe siècle », « Débats du XXe siècle ») n'aurait su éviter de pétrifier. Il n'existe donc à la lecture de ce livre qu'un seul grand mouvement nommé Esthétique de la musique ; si des problèmes se révèlent à des moments précis, ils n'apparaissent clairement qu'une fois lus au regard du mouvement général de l'esthétique de la musique que l'ouvrage tente de dessiner. L'application de cette méthode, contestable en certains endroits, devient en d'autres une démonstration péremptoire.

Hegel, le chantre du *temps* compris comme *forme élémentaire* de la musique, sera ainsi lu de manière originale à partir du problème de l'espace[2]. Si l'on pourra contre Dahlhaus arguer dans un premier réflexe que cette problématique est, sinon absente du texte originel de Hegel, du moins périphérique et peut-être inadaptée à sa présentation à un public non informé, on ne saurait nier à la fois sa force et son originalité. A chaque endroit où une présentation classique pourrait avoir lieu, c'est une lecture problématisée et originale qui se livre à nous[3]. Pour Dahlhaus, même un chapitre sur Hegel doit justifier sa place dans l'histoire

---

1. Chapitre 14, p. 171.
2. Chapitre 8, p. 108 *sq.* Le problème du temps est repris au chapitre 13 à partir du point de vue de la phénoménologie.
3. Le défaut de cette perspective est que Dahlhaus ne donne jamais de synthèse bibliographique sur le domaine, l'époque ou la notion abordée. Un intitulé comme « Problèmes de l'esthétique de la musique » aurait mieux convenu au style scientifique adopté par Dahlhaus, mais le risque de briser l'unité de cette *Esthétique* aurait été trop grand.

de la musique ; il ne la trouvera qu'au terme de ce développement, quand on aura démontré qu'un problème spécifique pertinent traverse sa pensée. Les auteurs sont grands, selon Dahlhaus, lorsqu'on peut montrer qu'ils ont soulevé malgré eux un problème permettant à l'histoire de l'esthétique de la musique de progresser. Si cette présentation doit « rendre vivants » ces auteurs, c'est sans aucun doute parce que l'histoire ne fait pas raison, chez Dahlhaus : si un succès passé impose la présence d'un musicien dans l'histoire de la musique, un grand nom n'est pas un passe-droit pour entrer dans l'histoire de l'esthétique de la musique. La vitalité d'une idée sur la musique, c'est ainsi pour Dahlhaus sa force présente.

La force du *Musikwissenschaftler* est ainsi de refuser les simples « lectures » de l'esthétique de la musique : on ne trouvera que des *relectures* productives. Et, si l'on pourra en contester plus d'une, il faut bien reconnaître qu'elles ont soin d'éviter à la fois le contresens et l'ennui.

Dahlhaus retiendra ainsi de Kant que c'est faute d'une meilleure conception du temps qu'il put faire à la musique ces torts qu'on lui reproche souvent. Il manquait au philosophe de Königsberg l'arsenal conceptuel qui lui aurait permis d'ancrer le flux de la musique dans des formes persistantes. Dahlhaus ne souligne un tel manque que parce qu'il est selon lui productif, en tant qu'il lègue à l'histoire de l'esthétique musicale un nouveau domaine pour la pensée. Pour entrer dans l'histoire de l'esthétique de la musique, un défaut fertile vaudra toujours mieux qu'une vérité improductive. Un malentendu passé vaut même parfois mieux aux yeux du chercheur qu'une vérité incomprise en son temps.

L'analyse d'un problème esthétique capital pour le XIXe siècle et son articulation avec les débuts du XXe, celui du poème symphonique, se fera ainsi à partir de Hegel, d'une manière surprenante [1]. Il

---

1. Chapitre 10, p. 126.

s'ensuivra une relecture habile de la distinction faite par Hanslick entre le *contenu* et le *sujet* d'une œuvre musicale : si, dans un poème symphonique, le sujet détermine l'ordre des formes, on pourra affirmer, en retour, que le jeu des formes détermine lui aussi le sujet d'origine. Dahlhaus ne développera pas dans ce texte les conséquences de cet argument, mais il n'en reste pas moins qu'un tel point de vue demeure très pertinent pour se pencher sur les poèmes symphoniques du XIXᵉ siècle finissant, voire ceux du début du XXᵉ comme *Die Seejungfrau* de Zemlinski ou le *Pelléas et Mélisande* de Schoenberg. On pense, à la lecture d'un tel argument, réentendre les célèbres réflexions de Pierre Boulez sur ces passages des opéras de Wagner où la partie musicale, contre la pensée même de l'« œuvre d'art totale », prend son autonomie. On trouve en effet en filigrane de cette manière de procéder ce que nous proposons d'appeler un *Leitmotiv* de la démarche de Dahlhaus : tenter, en tout domaine et par tous les outils dont on dispose, de passer de la détermination à l'interdépendance.

Cette analyse du poème symphonique est un bon exemple des surprises que le texte de Dahlhaus apprend à faire apprécier : au lieu de dire *qu'il était naturel* qu'on imagine créer des versions musicales des œuvres littéraires [1], en ce XIXᵉ qui fut l'âge d'or de la littérature, Dahlhaus note plutôt que l'idée de Liszt contredit l'esprit de son époque. Si ce siècle était justement dominé par la littérature, elle aurait dû apparaître comme un art se suffisant à elle-même et n'ayant que faire de ce que la musique aurait pu lui apporter. C'est ainsi qu'on fit selon Dahlhaus passer la musique du statut d'art d'agrément – en partie légué, dans l'esthétique de la musique, par Kant [2] – à celui d'une forme de la culture.

---

1. Le *Faust* de Goethe pour la *Faust-Symphonie* de Liszt notamment.
2. Dahlhaus s'applique cependant dans son cinquième chapitre à montrer qu'on ne saurait réduire le propos de Kant sur la musique à ce statut de *Tafelmusik*.

la *Musikwissenschaft* comme lieu de rencontre entre la philosophie et la musicologie

Les visées parfois très originales de Dahlhaus sur certains auteurs intéresseront plus d'un philosophe, même sourd à la musique. Peu d'entre eux auraient pris le risque de tels rapprochements à l'époque du *Musikwissenschaftler*.

Dahlhaus pense en effet contre tout esprit de système. Et ce principe vaut comme une méthode de lecture de son propre travail dans la *Musikaesthetik* : « les idées esthétiques ne forment pas un système hiérarchique, mais se côtoient, hétérogènes et irréductibles les unes aux autres »[1]. Faudrait-il alors ne faire de l'attachement à la forme systématique de la pensée qu'un résidu historique ? Dahlhaus est plus fin dialecticien sur des questions de ce genre. Car c'est ainsi que se révèle l'importance même de l'esthétique de la musique selon lui : « Le système de l'Esthétique est constitué par l'histoire même de l'Esthétique : une histoire dans laquelle pensées et expériences d'origine hétérogène s'interpénètrent »[2]. Il n'y a donc pas, et il ne saurait y avoir, pour reprendre un terme cher à Kant, de « rhapsodie » de l'Esthétique : le seul système que l'Esthétique tolère est celui qu'elle fabrique, et elle ne saurait supporter que le degré de systématicité qu'elle a construit par sa propre histoire. Comme toujours, chez Dahlhaus, la force d'une pensée est balancée par le poids d'une histoire, l'idée étant que l'une limite toujours l'autre, ou la relance au besoin.

C'est ainsi que Dahlhaus insistera toujours sur l'extra-musical. On ne saurait lui reprocher ce qu'Aaron Ridley appelle

---

1. Chapitre 14, p. 176. Ce rejet de l'idée de système explique en partie l'importance que Dahlhaus accorde à Wackenroder, cité à de nombreuses reprises.
2. Chapitre 1, p. 33.

l'« autonomanie » de certains penseurs de la musique d'aujourd'hui [1].
Il n'y aura pas chez lui d'« histoire de la musique sans noms [2] »,
car il faut maintenir le postulat selon lequel les idées des individus
aident à lire leurs œuvres.

tenter d'être complet et concis

Le goût du paradoxe s'associe toujours chez Dahlhaus à la rigueur
stricte d'une méthode. Réfléchissant sur la critique, il explique
ainsi que parler aujourd'hui de la « grandeur » d'une œuvre est
presque impossible sans en être écœuré; puis il prend la peine
d'étudier comme un philosophe analytique, ce qu'il y a *derrière
le terme*. On observera la même chose au fil des chapitres qui
composent cette recherche, en plusieurs endroits : citons simplement
l'étude du terme de *Kapellmeister*, dont le but est de mettre au
jour la manière dont il devient, d'un éloge (pour Mattheson), une
insulte, comme lorsqu'on parle de « musique de Kapellmeister ».
Il faut prendre la mesure du poids de l'histoire dans le sens des
termes pour mesurer ce qui en eux peut avoir perduré jusqu'à
nous.

Le caractère assuré et volontaire des analyses de Dahlhaus ne doit
pas masquer cependant son souci d'équilibre dans ses jugements.
Il ne manque pas de noter contre Kant que l'écoute d'une fugue
« sans concepts [3] » restera déficiente, car le *jugement de goût*
établissant qu'un morceau de musique est beau ne saurait suffire.
Mais il note bien également que la distinction *entre jugement
artistique* et *jugement de goût* laisse la porte ouverte à la reconnaissance
à titre « d'art » de ce qui n'est pas tenu pour beau. Le mouvement

---

1. A. Ridley, *The Philosophy of Music*, Edimburg University Press, 2004, Introduction,
III, p. 11 *sq.*
2. Chapitre 14, p. 177.
3. Chapitre 5, p. 81, en tant que citation de Kant; *ibid.*, p. 88, dans le corps de l'analyse
de Dahlhaus.

de l'esthétique de la musique s'impose ainsi, dans sa lecture, même contre l'idée originale des auteurs. C'est aussi le moyen de construire une histoire de l'esthétique de la musique qui ne soit pas limitée, d'un côté, par les faiblesses éventuelles des déclarations explicites sur la musique, de l'autre, par leur relative rareté au fil du temps. Dahlhaus ajoute à ce parcours historique le souci d'une lecture phénoménologique assez fine et documentée, questionnant, avec la psychologie de la Forme, la valeur même du concept de « forme » pour parler de musique. « Tout se passe comme si les critères de la psychologie de la perception suffisaient bien à décrire l'impression produite par des séquences sonores de moindre envergure, mais pas à expliquer des ensembles musicaux s'étendant sur un temps plus long. Etendu à l'ensemble d'un mouvement de sonate, le terme de "forme" n'est qu'un mot creux [1] ». Dans son esquisse d'une phénoménologie de l'écoute musicale, l'insistance sur les *relations* plus que sur les éléments particuliers d'une prétendue « forme » reste frappante : « C'est bien plutôt à travers la *variante* que le modèle est saisi, et il reste alors "abstrait" » [2].

Abordant le passage de la théorie « organique » des genres à leur analyse immanente, Dahlhaus choisit de noter cette évolution, mais n'en prend acte que pour la contester aussitôt, ouvrant ainsi le chemin à l'idée récente de « Métamusique » développée par Hermann Danuser [3], qui fut son élève et l'éditeur de ses œuvres complètes.

En affirmant qu'« apologie et polémique mises à part, il semble clair qu'à toutes les époques prédomina l'effort de maintenir un équilibre entre la complexification de certains aspects, et la simplification de quelques autres (et la musique de Webern ne

---

1. Chapitre 13, p. 156-157.
2. *Ibid.*, p. 158.
3. Dans un ouvrage à paraître.

fait pas exception) » [1], Dahlhaus, s'il refuse tout relativisme historique, pose l'idée selon laquelle chaque époque est à la fois tenue et limitée. Faisant jouer la distinction entre différenciation matérielle, sensible, et différenciation catégorielle (à partir de Schoenberg), Dahlhaus conteste l'idée simplificatrice d'une complexification croissante des œuvres au fil de l'histoire.

Dahlhaus maintient tout au long de son parcours une grande attention pour les autres disciplines, s'affirmant comme un auteur « transdomaines ». Il note ainsi que l'esthétique musicale doit s'enrichir de catégories comme « l'ambivalence », « le paradoxe », « l'ambiguïté » et « l'ironie », « bien installées dans la critique littéraire depuis longtemps » [2]. Il juge de même qu'en musique « le Maniérisme est un style, ce n'est pas un manque de technique ou de moralité artistique » [3], n'ayant pas peur de faire se recouper les catégories de ces esthétiques de la peinture et de la musique, qu'on estime traditionnellement opposées. Dans ce souci « transdisciplinaire », un aspect stylistique profondément original de Dahlhaus ne manque pas de surprendre : sa manière très particulière de mettre sur le même plan les différentes références, puisées autant chez les critiques et les musicologues que chez les psychologues ou les philosophes. Il n'y aura jamais de problèmes de légitimité d'un discours dans l'étude de l'esthétique de la musique chez Dahlhaus : sans s'embarrasser de justifications, l'auteur part d'emblée de ce qui est dit sur la musique et suit le parcours ainsi dessiné.

L'intellectualisme de Dahlhaus n'empêche pas une attention permanente au phénomène sonore concret, qui frappe dans un texte portant sur l'esthétique de la musique. Il rejette ainsi la théorie des *énergéticiens* (reprenant le nom que leur donnait Rudolf

---

1. Chapitre 14, p. 181.
2. Chapitre 14, p. 185.
3. *Ibid.*

Schäfke), comme Ernst Kurth, pour qui une énergie hypothétique expliquerait l'impression produite par une succession de sons. S'il la refuse, c'est parce qu'elle « se compromet trop violemment et trop profondément avec la métaphysique [1] » à ses yeux. Cet exemple donne une bonne idée de la démarche de Dahlhaus dans cet ouvrage : la position de ces théoriciens est selon lui trop hybride, puisqu'ils sont à la fois phénoménologues et métaphysiciens. Si Dahlhaus préfère qu'on choisisse entre deux domaines aussi éloignés, ces deux démarches restent bien pour lui autant de *méthodes* dont on peut user. Mais le *Musikwissenschaftler* aime que la position retenue soit, elle, bien tranchée. Ce n'est qu'ainsi qu'elle s'offre à la discussion et devient candidate au statut d'étape de l'histoire. Le discours sur la musique doit savoir choisir sans oublier la réalité de l'objet musical.

défendre l'esthétique tout en construisant le travail de l'historien

Nous lisons en effet avec ce texte une vraie défense, une vraie thèse sur l'esthétique. Dahlhaus insiste ainsi : « seul ce qui est inattendu et stupéfiant au point d'échapper à toute forme de réaction routinière aura la chance d'être perçu de manière esthétique et d'être hissé au rang d'objet de contemplation » [2]. Il analyse alors le renversement que fut le passage d'un âge où l'*analyse* devait se défendre contre l'Esthétique (qui l'accuse de vivisection envers les œuvres [3]) à celui où c'est l'*esthétique* qui fait office d'accusé… en citant notamment dès le premier chapitre la *Handwerkslehre* de Schoenberg ! Présenter l'esthétique sera aussi pour Dahlhaus

---

1. Voir chapitre 13, p. 162. Dahlhaus invite cependant à redécouvrir son œuvre.
2. Chapitre 14, p. 188.
3. Dahlhaus trace ainsi un lien entre le problème *philosophique* de l'esthétique chez Herder (le sentiment contre l'analyse) et le problème *critique et musicologique* qu'elle pose chez Schumann (la belle totalité de l'œuvre musicale contre le sécateur des méthodes analytiques).

la défendre de manière intelligente dans un contexte qui semble lui être hostile. On passe alors, puisque ce texte fut écrit en 1967, d'une introduction à un domaine poussiéreux, aux faux airs académiques, à un manifeste pour l'esthétique de la musique. Celle-ci ne pourra cependant respirer que si *l'histoire même* de l'esthétique parvient à vivre jusqu'à elle. De même, Dahlhaus ne parlera pas innocemment de la « survivance » (*Nachleben*) plutôt que de la « survie » (*Überleben*) des musiques du passé dans le monde d'aujourd'hui : n'est vivant que ce qui supporte la nouveauté et s'offre à la réception.

Ceci implique l'esquisse d'une réflexion sur l'histoire : « Croire qu'une œuvre ne doit sa survivance décennale ou séculaire qu'à soi-même, à sa structure ou à son contenu expressif, c'est une superstition des modernes »[1]. L'inscription d'une musique dans l'histoire se prépare, s'étaye et se défend. Et elle ne dépend pas toujours de la qualité de la musique. Dahlhaus se livre sur cette question de la réception à une vaste analyse, essentiellement contenue dans le dernier chapitre de l'ouvrage. La place très importante qu'il accorde aux considérations portant sur le jugement critique rappelle ses affinités avec cette question, en partie issues de plusieurs années de pratique. On peut également penser que Dahlhaus est soucieux de préparer un terrain philosophique pour l'ouvrage de Werner Braun consacré à la critique musicale dans cette même collection[2].

Il n'en est pas moins vrai que penser l'histoire *avant qu'elle ait eu lieu*, sous l'espèce de la prédiction sinon sous celle de la prospective, reste difficile, même pour Dahlhaus. La critique élogieuse n'étant jamais que la moitié de la critique, on mentionnera au débit de Dahlhaus ce risque prophétique qu'il prend tout de même, allant jusqu'au bout de ce qu'on pouvait attendre d'un livre de 1967 :

---

1. Chapitre 14, p. 190.
2. W. Braun, *Musikkritik*, Hans Gerig, coll. TB 266, Cologne, 1972.

« L'art de Machaut, de Josquin ou même de Monteverdi est fossilisé, et la tentative de le rendre vivant hors d'un petit cercle devrait rester peine perdue… à moins que le lointain historique ne se mue en un plaisir esthétique où l'archaïsme et l'austérité deviennent pittoresques » [1].

Mais on retiendra cependant que Dahlhaus, auteur d'une thèse sur Josquin des Prés, prit en son temps la défense de ce pan de l'histoire de la musique. Il affirme ainsi que « découvrir dans ce qui a été oublié quelque chose que le présent pourrait utiliser, même de manière indirecte, n'est pas la moindre motivation de l'historien [2] ». On retrouve alors jusque dans la synthèse historique l'« avocat » Dahlhaus, toujours soucieux de retenir aussi dans l'histoire les « vaincus » ou les « alternatives » inabouties.

Son analyse du mouvement historique, fine et efficace, est aussi solidaire d'une réflexion très tenue sur le concept d'expression : « l'expression est donc limitée par sa contradiction, la convention, de même que le particulier l'est par le général. En tant qu'elle est subjective, l'expression ne peut être réitérée ; mais elle est en même temps contrainte à se figer pour s'expliciter » [3]. Dès lors, « le progrès historique et la mémoire historique sont indissociables, comme les deux pans d'une même montagne » [4]. Si les débuts de l'ouvrage se terminent par l'affirmation du lien entre le progrès et la mémoire historique, le plaidoyer en faveur du travail de l'historien de la musique sur lequel le livre s'achève peut alors prendre ce mouvement à rebours, rappelant combien la création même peut trouver de stimulation dans l'exploration du passé. Mais il faut pour cela renoncer à la fois à l'idée de *système* et à l'inertie confortable qui menace toujours les histoires de la musique. C'est pourquoi ce

---

1. Chapitre 14, p. 191.
2. *Ibid.*, p. 194.
3. Chapitre 3, p. 67.
4. *Ibid.*

texte, plus qu'une simple présentation de l'esthétique de la musique, veut en être une *démonstration* : l'esthétique de la musique est un système qui se constitue de lui-même, et les discours qui tentent de la formuler en sont autant de propositions.

bien au-delà d'un exercice de style

Ceci donne un aperçu de la puissance de ce texte relativement « jeune » dans la production de Dahlhaus. Sa lecture est une réelle surprise, tant il sait être stimulant et d'une très grande richesse. Aucun texte disponible en français ne tente de présenter de manière aussi concise un parcours sur l'esthétique de la musique, jamais simplement exposée, mais toujours « mise en problème ». Sa lecture s'adresse ainsi au lecteur chevronné – que la perspective de découvrir ce Dahlhaus *in nucleo* ne saurait manquer de séduire par ailleurs – comme au novice en ce domaine, aujourd'hui mondialement développé, de la philosophie de la musique.

Il s'agit d'un petit volume, dont le format (152 pages dans l'édition allemande d'origine) répondait aux impératifs éditoriaux de la collection originale, comme si chaque ligne était comptée. L'ouvrage ajoute ainsi à son caractère dense, structuré avec rigueur et invention, une indéniable concision. Il y gagne également un aspect parfois énigmatique, qui n'est pas étranger à la stimulation, parfois même la fascination qu'il sait exercer.

Julien Labia

note sur la présente traduction

Pour traduire ce texte, nous avons choisi de constituer une équipe capable d'avoir toujours un œil dans ce que nous proposons d'appeler « l'angle mort » du traducteur, pour relever le défi posé par la difficulté technique de la langue de Dahlhaus, souvent rendue inextricable par le mélange de vocabulaire technique emprunté à différentes sources et différentes traditions. Nous nous sommes efforcés de respecter la dynamique souvent abstraite de la pensée propre à Dahlhaus, sans trop faire violence à une langue française à l'esprit souvent différent.

Nous avons ajouté au texte original, qui n'en comprenait aucune, quelques notes indispensables, et traduit de nombreuses citations, parfois classiques pour le point de vue allemand, issues d'ouvrages attendant toujours une traduction française. Nous nous sommes naturellement appuyés le cas échéant sur les traductions préexistantes.

Le groupe de traduction *Musikaesthetik*, dirigé par Julien Labia, est constitué, par ordre alphabétique, de Julien Farges, Julien Labia, Charlotte Loriot, Nathalie Lucas, Elise Marrou, Alain-Patrick Olivier, Francesco Peri et Nicolas Rialland. Nos plus chaleureux remerciements vont à la librairie Vrin et à l'Université Sorbonne-Nouvelle, qui ont hébergé nos travaux, à l'*Institut Goethe* pour son soutien financier, à Hermann Danuser pour ses encouragements bienveillants, et à Ulrike Mosel et Elias Dahlhaus pour leur aide dans l'obtention des droits de traduction du présent livre.

Les termes figurant entre parenthèses dans le corps du texte sont indiqués par Dahlhaus, notamment lorsqu'il cite d'autres auteurs.
Les notes du présent ouvrage sont dues aux traducteurs, le texte d'origine n'en comprenant aucune.

l'esthétique de la musique

Carl Dahlhaus

L'esthétique de la musique, quand elle était au XIXe siècle l'instance suprême de la pensée de la musique, est aujourd'hui exposée aux critiques. Ses détracteurs lui reprochent de n'être qu'une spéculation oisive survolant la réalité musicale de bien trop haut pour l'atteindre ou même pour interférer avec elle d'une manière quelconque. Mais on ne saurait méconnaître par ailleurs que les jugements sur la musique – et même sur toute activité musicale – sont portés par des présupposés esthétiques dont on doit prendre conscience, que ce soit pour les conforter ou pour prendre avec eux une distance critique. Le présent ouvrage n'est pas le fruit d'un dogme ou d'une méthode qui affirmerait être la seule valable. Il s'agit bien plutôt d'une esquisse du développement de l'esthétique de la musique depuis le XVIIIe siècle, et, en même temps, d'une tentative de choisir au sein du fonds de la tradition ce qui ferait sens pour le présent. Si présentations historique et systématique s'y interpénètrent, c'est parce que le système de l'Esthétique est son histoire.

C. D.

liste des chapitres :

Chapitre 1 : Présupposés historiques.
Chapitre 2 : La musique en tant que texte et la musique en tant qu'œuvre.
Chapitre 3 : Transformations de l'esthétique du sentiment.
Chapitre 4 : Émancipation de la musique instrumentale.
Chapitre 5 : Jugement artistique et jugement de goût.
Chapitre 6 : Génie, enthousiasme, technique.
Chapitre 7 : Affect et idée.
Chapitre 8 : Dialectique de « l'intériorité sonore ».
Chapitre 9 : La querelle du formalisme.
Chapitre 10 : La musique à programme.
Chapitre 11 : Tradition et réforme dans l'opéra.
Chapitre 12 : Esthétique et Histoire.
Chapitre 13 : Pour une phénoménologie de la musique.
Chapitre 14 : Critères.

chapitre premier
présupposés historiques

> Si, à l'instar de l'ébéniste dont c'est la vocation quotidienne, je réussissais à instruire seulement un élève de tout ce qui constitue la base artisanale essentielle de notre art, je m'estimerais bien satisfait et serais fier de pouvoir dire alors – paraphrasant ainsi un mot célèbre – "si j'ai pris aux élèves de composition une mauvaise Esthétique, je leur ai apporté en échange un bon métier" (Arnold Schoenberg, *Handwerkslehre*[1]).

Ce jugement sévère à l'encontre de l'Esthétique qu'Arnold Schoenberg prononça en 1911, dans l'introduction au *Traité d'Harmonie*, n'était pas sans fondement, si problématique que nous paraisse aujourd'hui, un demi-siècle plus tard, la séparation abrupte entre activité artisanale et contemplation esthétique. Cette séparation renfermait le danger, devenu désormais patent, d'un renversement de la distance entre le compositeur et l'auditeur en une extranéité et en une incompréhension mutuelle – danger,

---

1. Arnold Schoenberg, *Traité d'Harmonie*, trad. Gérard Gubisch, Paris, J.C. Lattès, 1983 [Universal, 1922], « Théorie ou système de représentation », p. 29. L'ensemble de ce bref texte contient plusieurs allusions directes aux *Maîtres Chanteurs* de Wagner, expliquant le titre original de ce bref texte.

pour le dire exactement, que l'un ne devienne un être ignare, embarrassé, empêtré dans des problèmes exclusivement techniques, et l'autre, simultanément, un dilettante présomptueux qui se figure pouvoir survoler la chose même alors qu'il est simplement incapable de s'y livrer avec sérieux.

L'Esthétique, que Schoenberg écarta d'un geste méprisant, puisqu'il l'assimilait à un bavardage superflu, était une métaphysique du beau musical reléguée dans les parutions sur la musique au rang de simple instrument pour la justification d'un état de choses, et au nom de laquelle les gardiens de traditions désuètes protestaient contre la nouveauté qu'ils n'arrivaient pas à comprendre et à laquelle ils se fermaient. Sous le concept d'artisanat, qu'il opposait à cette esthétique vermoulue, Schoenberg ne comprenait d'autre part rien d'autre qu'une panoplie d'exercices qui se maintiennent dans les limites de la tonalité, c'est-à-dire de cette langue qu'il avait laissée derrière lui comme morte et obsolète, quand l'esthétique traditionnelle voyait en elle la condition de l'expression musicale compréhensible, donnée ou garantie par la nature. Et bien que Schoenberg ait rejeté de façon cassante les normes d'une esthétique étroite, il n'en était pas moins éloigné de la tendance à subordonner aux règles d'une formation artisanale la composition, qui impliquait pour lui une contrainte intérieure et obéissait uniquement à la conscience.

La signification historique qui s'est greffée sur cette antithèse entre la formation artisanale et l'Esthétique dépasse cependant de loin le sens que Schoenberg lui-même donnait à cette déclaration du *Traité d'Harmonie*. Si le problème du jugement esthétique et de sa fondation philosophique rencontrait le plus vif intérêt chez les musicographes du XIXe siècle, et cela même s'ils étaient compositeurs – comme E.T.A. Hoffmann, Weber et Wagner –, c'est plutôt autour de questions techniques que tourne au XXe siècle la discussion, tant chez les « néoclassiques » que chez les

« dodécaphonistes ». Schumann traitait dans son essai sur la *Symphonie fantastique* de l'analyse formelle comme si elle était un manquement à l'esprit de l'œuvre : « Berlioz peut à peine avoir eu plus de répugnance à disséquer la tête de quelque bel assassin – il a étudié la médecine dans sa jeunesse [1] – que moi sa première partie. Et encore, ai-je bien pu être, avec cette dissection, de quelque profit à mes lecteurs ? » [2]. Aujourd'hui c'est à l'inverse l'Esthétique qui est suspecte [3] ; elle est livrée au soupçon de n'être rien de plus qu'une spéculation étrangère à son objet, qui juge de la musique de l'extérieur, d'une manière dogmatique ou encore selon de vagues critères de goût, au lieu de se fier au mouvement intérieur des œuvres, qui est en chacune différent, c'est-à-dire à ce que Schoenberg appela une fois la « vie pulsionnelle des sons ». La tendance au *technologique*, même si elle porte, à ne pas s'y tromper, les couleurs du présent, apparaît toutefois en même temps comme la reprise d'une tradition qui est, depuis la fin du XVIIIe siècle, sinon enterrée, du moins fort peu affichée parmi les valeurs officielles : il s'agit de la tradition de la théorie aristotélicienne de l'art, qui parlait des œuvres poétiques et musicales dans la langue sobre de l'artisanat, et non au moyen de métaphores théologiques. La poétique aristotélicienne, la doctrine de la *poiesis*, était une théorie du faire et du produire. Le concept de *création* était étranger à la théorie de l'art de l'Antiquité et du Moyen Âge :

---

1. C. Dahlhaus insère sous la forme de cette incise ce qui était une note de Schumann.
2. Robert Schumann, « Symphonie Fantastique », I, dans *Sur les Musiciens*, préface et notes de Rémi Jacobs, trad. Henri de Curzon, « Musique », Paris, Stock 1979 ; [Fischbacher, 1894, 1898], p. 117. Voir ce que Dahlhaus fait de cette image *infra*, chapitre 12, p. 146.
3. A. Schoenberg écrit dans ce même *Traité d'Harmonie*, « ce qui de prime abord apparaît peu esthétique ne saurait avoir beaucoup de chance de le devenir jamais – sûrement pas dans l'esprit de nos faiseurs de théories esthétiques » (trad. cit., p. 28).

appliqué à des œuvres humaines, il serait apparu à Thomas d'Aquin [1] ou à Bonaventure [2] comme un blasphème.

C'est autour de 1900 que l'Esthétique, au sens large du terme, s'éteint et se dissout en Histoire ou philosophie de l'Histoire, technologie, psychologie ou sociologie de l'art – les esthétiques phénoménologiques qui ont vu le jour depuis les années 1920 constituant des tentatives de restauration. Quant à ses débuts, ils ne remontent pas au delà du XVIIIᵉ siècle. Que le terme d'« *Aesthetica* » – le renom d'Alexander Baumgarten [3] tenant tout entier à ce titre inspiré – n'ait été forgé qu'en 1750 est déjà très significatif. Il n'existe pas, au sens strict, d'*Esthétique* de l'Antiquité ou du Moyen Âge; de même, la discipline qu'on appelle ainsi depuis le XVIIIᵉ siècle présente indéniablement un caractère hybride et est menacée dans son existence, pour ne rien dire de sa *raison d'être* [4]. Toutes les tentatives pour la définir, fût-ce comme *théorie de la perception* (*scientia cognitionis sensitivae* [5]), comme *philosophie de l'art* ou comme *science du beau*, pèchent par leur étroitesse dogmatique, leur unilatéralité et leur arbitraire, au regard du phénomène troublant d'ambiguïté qu'elle est devenue aux XVIIIᵉ et XIXᵉ siècles. On ne lui rend justice qu'en reconnaissant et en faisant valoir qu'elle est moins une discipline close à l'objet fermement circonscrit qu'un écheveau vague et très étendu de problèmes et de points de vue dont l'intrication et l'interaction demeurent étonnantes, même rétrospectivement. Personne n'aurait pu entrevoir avant le XVIIIᵉ siècle qu'ils finiraient par se fondre en

---

1. Thomas d'Aquin [Aquino, 1224-Priverno, 1274], dominicain, maître de la théologie et de la philosophie scolastique.
2. Saint Bonaventure [Bagnorea, vers 1218-Lyon, 1274], franciscain, fut une figure capitale de la théologie chrétienne au Moyen Âge.
3. Alexander Gottlieb Baumgarten [Berlin, 1714-Frankfurt-am-Oder, 1762], philosophe fondateur de l'Esthétique, disciple de Leibniz et Wolff.
4. En français dans le texte.
5. « Science de la connaissance sensible ».

un complexe doté d'un nom propre. Mais si déconcertant ou même suspect que puisse être pour des *méthodologues* le moment historique inhérent à la genèse et au développement de l'Esthétique (par son caractère fortuit et dépourvu de règles), il est cependant tout aussi attrayant pour des historiens. Le système de l'Esthétique est constitué par l'histoire même de l'Esthétique : une histoire dans laquelle pensées et expériences d'origine hétérogène s'interpénètrent.

1.

L'esthétique d'un art est la même que celle des autres, seul le matériau diffère (Schumann).

L'aphorisme de Schumann, déclaration qui a poussé Grillparzer et Eduard Hanslick à le contredire, est porté par la conception enthousiaste d'un art « unique » qui se décompose en différents arts, comme la lumière en diverses couleurs. Et ce moment qui fait que l'art devient art et se distingue du bas artisanat, de la « prose » du quotidien, Schumann l'appelait « poésie » en invoquant l'esthétique de Jean Paul [1].

Cette idée selon laquelle l'art est une sphère à laquelle l'œuvre singulière participe, au sens où la chose *participe* d'une idée dans la métaphysique de Platon, est d'origine romantique : jusque dans la *Critique de la faculté de juger* [2], l'« art » n'est qu'un ensemble de règles auxquelles il s'agit de se tenir pour confectionner un produit « digne de l'art ». Et même le canon des « beaux-arts » que présupposait Schumann, ce canon comprenant la musique et la poésie, aux côtés de l'architecture, de la sculpture et de la peinture, et excluant au contraire l'art des jardins et l'orfèvrerie, n'a été développé que peu à peu, au XVIIIe siècle.

1. Johann Paul Friedrich Richter [Wunsiedel, 1763-Bayreuth, 1825], figure centrale du romantisme littéraire allemand.
2. Kant, voir *infra*, chapitre 5, p. 81.

La distinction entre un art qui est célébré comme « poésie » et un artisanat qui est écarté comme « prose » n'est dès lors rien moins qu'évidente, quoiqu'elle nous paraisse profondément enracinée depuis un siècle et demi. Le schéma qui l'a précédée et qui a survécu pendant des millénaires, celui du partage entre *artes liberales*[1] et *artes mechanicae*[2], était justifié différemment, c'est-à-dire de manière sociale avant tout ; il conduisait, de ce fait, à des jugements qui divergeaient des représentations bien ancrées au XIXe siècle, ou leur étaient même parfois radicalement opposées. L'*ars liberalis*, que ce soit la dialectique, les mathématiques, la théorie de la musique ou encore le jeu de cithare, servait à l'apprentissage et à l'expression d'une attitude et d'une forme de vie qui était digne d'un homme libre, d'un homme disposant de loisirs. Au contraire, l'*ars mechanica*, travail qui ne servait qu'à « gagner sa croûte », salissant comme la sculpture ou déformant le visage comme celui de souffler dans l'*aulos*, était l'affaire des ignares. Héphaïstos suscitait en dépit de tous ses talents la raillerie des dieux : ils se sentaient bien au-dessus de ses *artes mechanicae*, du fait de leurs loisirs brillants et prétentieux.

2.

> Le plaisir esthétique est essentiellement un et identique, qu'il soit suscité par une œuvre d'art ou, de manière immédiate, par l'intuition de la nature et de la vie (Schopenhauer)[3].

Le plaisir esthétique que Schopenhauer a en vue résulte d'une contemplation oublieuse d'elle-même, celle des Idées qui se reflètent en phénomènes ; et ces Idées qu'il invoque sont les Idées platoniciennes. Mais la métaphysique du Beau, dont l'histoire

---

1. « Arts libéraux ».
2. « Arts mécaniques ».
3. A. Schopenhauer, *Le monde comme volonté et comme représentation*, trad. C. Sommer, M. Dautrey, V. Stanek, tome I, § 37, Paris, Folio-Gallimard, 2009, p. 401.

s'étire de Platon et Plotin jusqu'à Shaftesbury et à l'Esthétique du début du XIXe siècle, en passant par les platonismes du haut Moyen Âge et de la Renaissance, n'était pas à ses débuts une philosophie de l'art. C'était en revanche le cas dans la citation de Schopenhauer (datant de l'année 1819), comme l'atteste le terme « immédiatement ». Si l'on assimile *esthétique* et *métaphysique* du Beau, alors, selon Max Dessoir[1], on peut penser une Esthétique dans laquelle il n'est pas question de l'existence de l'art. A la fin du siècle de la critique du goût, Kant lui-même avait développé les déterminations du Beau à partir de la nature et non de l'art, qui le mettait sérieusement en difficulté. Hegel, au contraire, réduisait le Beau naturel à un simple reflet de l'art : le développement de la vision de la nature est chez lui, pour le dire exactement, une œuvre de l'art de peindre.

Le Beau que Platon célèbre dans le *Banquet* et dans le *Phèdre* est une propriété du vivant engendrée par la nature, à côté de laquelle les produits morts fabriqués par les hommes semblent pâles et futiles. Un demi-millénaire plus tard, Plotin définit le Beau comme le reflet de l'Idée, comme son « apparaître sensible » – ainsi que le disait Hegel –, dans l'optique d'exprimer que l'Idée est apparaissante et qu'elle se manifeste à l'extérieur comme éclat. Son élévation à une dignité métaphysique de caractère profane, l'art la doit au néo-platonisme de la Renaissance et en particulier au geste par lequel Marsile Ficin[2] reportait l'enthousiasme de Platon pour le Beau vivant sur les œuvres d'art. Toutefois, il n'est guère possible de nier, d'un autre côté, que la distinction entre l'Idée et le phénomène – que le platonisme oppose au modèle

---

1. Max Dessoir [Berlin, 1867-Königstein, 1947], théoricien de l'Esthétique, philosophe et psychologue interdit d'enseignement par les nazis en 1933.
2. Marsile Ficin [Figline Valdarno, 1433-Careggi, 1499], figure majeure de la première Renaissance italienne, poète et philosophe italien, dirigea l'académie platonicienne de Florence.

forme-matière de la philosophie aristotélicienne – ne soit d'une utilité douteuse pour la théorie de l'art. Car elle incite l'observateur d'une œuvre à glisser rapidement sur l'extérieur, sur le perceptible, qui passe pour inessentiel, pour s'emparer de l'intérieur, de ce qu'il recèle.

C'est en effet de la métaphysique du Beau que provient l'idée selon laquelle la contemplation, l'immersion oublieuse de soi dans une chose, est la norme de comportement adéquate à l'œuvre d'art. L'objet esthétique est isolé, détaché du milieu et contemplé de façon strictement exclusive, comme s'il était la seule chose qui existe. Mais le phénomène n'est bien trop souvent pour la contemplation qu'un simple chemin ou même un détour vers l'idée ou la « forme intérieure », qui est cherchée, non tant comme esprit devenu figure dans la chose même que, par-dessus elle ou derrière elle, dans un super-monde ou un arrière-monde. La métaphysique du Beau en tant que philosophie de l'art est menacée de se situer toujours déjà par-delà l'art, et donc d'être étrangère à l'art.

3.

L'Esthétique, fondée en 1750 par Alexander Baumgarten, qui lui donna son nom, était pensée comme théorie de la perception, de la « faculté de connaître inférieure », et comme le complément de la Logique. Baumgarten a crédité la perception (dans laquelle Leibniz et Christian Wolff n'avaient vu qu'un moyen d'arriver à des concepts) d'une perfection propre, d'une *perfectio cognitionis sensitivae*. Et le phénomène dont il faisait état pour appuyer l'affirmation selon laquelle il existe une telle perfection était le phénomène du beau. Le beau ne constituait donc pas le point de départ de la nouvelle discipline, mais une *preuve* au sein d'une argumentation dont le but était de justifier l'émancipation de la perception sensible. Il s'agissait de montrer que la perception n'est pas un simple stade préliminaire, un commencement obscur et sourd de la connaissance, mais bien elle-même une connaissance (*cognitio*). Et si elle a ce caractère de connaissance et est en mesure de subsister par elle-même, cela signifie que dans une perception qui atteint la perfection, réalisant donc les possibilités ébauchées en elle, du divers s'assemble en une unité, une multiplicité de représentations se structure en un tout.

Le concept du tout (l'un des rares qui aient survécu indemne aux métamorphoses de l'Esthétique, depuis la théorie de la perception jusqu'à la psychologie en passant par la métaphysique) fut orienté soit vers l'objectif, à titre de détermination de l'objet esthétique, soit vers le subjectif, comme caractère de l'état ou du comportement esthétique. Dans la philosophie du Beau de Shaftesbury, « *the Whole* » est l'instance qui permet de déterminer le beau de manière objective, comme propriété de l'objet, en évitant néanmoins le recours au système de règles provenant d'une tradition de la théorie de l'art s'en tenant à Aristote, système qui devait paraître suspect au platonicien enthousiaste qu'était Shaftesbury. Le concept de totalité apparaît en revanche chez Moses Mendelssohn[1] et chez Sulzer[2], l'éditeur de la *Théorie générale des beaux-arts*, dans le contexte d'hypothèses esthético-psychologiques. Ce qui prétend valoir comme beau doit, selon Mendelssohn, pouvoir être embrassé sans effort d'un coup d'œil, selon une assertion qui rappelle les principes de « l'Esthétique d'en bas » de Fechner. Mais si le beau doit pouvoir être saisi aisément, alors les parties dont il est composé doivent s'accorder ensemble sans brisure. La « totalité » est ainsi

1. Grand-père de Felix, Moses Mendelssohn [Dessau, 1729-Berlin, 1786], fut un grand penseur des Lumières.
2. Johann Georg Sulzer [Winterthur, 1720-Berlin, 1779], philosophe suisse. Dahlhaus ne veut pas qu'on le confonde avec l'autrichien Salomon Sulzer [1804-1890], connu également des musiciens, d'où cette précision.

une condition psychologique du beau, ne serait-ce qu'à l'intérieur des limites d'une esthétique qui avait pour idéal la *noble simplicité*[1] et qui au nom du simple et du naturel polémiquait contre le « style sublime » du baroque, soupçonné d'artificialité.

La *Gestalttheorie* moderne a démontré et répété à satiété que ce qui est immédiatement donné à notre perception n'est pas amorphe, mais structuré. Ces impressions sensibles simples dont l'ancienne théorie de la perception partait afin d'expliquer le composé ne sont en rien immédiates ou premières, mais bien un produit de l'abstraction qu'on ne peut saisir que dans des conditions de laboratoire et non dans l'expérience quotidienne, vivante, où le simple apparaît toujours déjà comme moment partiel d'un ensemble, d'une « *Gestalt* ».

Baumgarten nommait « comparaison » (*comparatio*) l'acte de conscience par lequel on rassemble des impressions simples pour former une représentation complète. Contrairement aux psychologues de la *Gestalt*, il comprenait cet acte de conscience comme une activité et non comme le simple accueil d'un donné. Christian Wolff, le fondateur de la philosophie scolastique allemande du XVIIIe siècle, avait vu dans la comparaison un moment partiel de la réflexion – qui cherche des caractères communs à une série de phénomènes, afin de parvenir à des concepts –; Baumgarten a quant à lui émancipé et rendu autonome le niveau intermédiaire de la *comparatio* pour en faire un état à part entière, où l'attention fait arrêt, au lieu de se diriger vers la formation de concepts. Les moments partiels de la perception sont ainsi moins assemblés l'un après l'autre qu'ils ne sont, à l'inverse, déterminés à partir de la donnée primitive qu'est l'intuition du tout.

---

1. En français dans le texte.

La thèse du primat du tout a été développée à partir de structures spatiales qui se dérobent à la contemplation. Il est permis de douter qu'il soit possible de la reporter sur les processus acoustiques, qui sont – comme l'exprimait Kant – « simplement transitoires » ; on doutera aussi de la mesure dans laquelle cela peut être accompli. Les concepts tels que « figure-parcours » et « figure temporelle », censés soumettre l'élément successif au théorème de la *Gestalt*, n'ont pas été suffisamment définis et fondés jusqu'à présent, sur le plan logique comme sur le plan expérimental.

4.

Omnes tacito quodam sensu sine ulla arte aut ratione quae sint in artibus ac rationibus recta ac prava diiudicant[1].

Le sens caché, dont Cicéron (*De oratore*, III, chap. 50) dit qu'il sait distinguer le bon du mauvais sans s'appuyer sur des règles ou des raisons, est cette faculté qu'on appelait métaphoriquement le « goût » au XVIIIe siècle. On en discutait à grand renfort de zèle et d'arguments, ce qui justifie bien qu'on parle d'un siècle de la critique du goût. Le *goût*[2], lit-on dans l'*Encyclopédie*, est le sentiment des beautés et des défauts dans les arts : un discernement immédiat comme celui de la langue et du palais, qui devance la réflexion (« le sentiment des beautés et des défauts dans tous les arts : c'est un discernement prompt comme celui de la langue et du palais, et qui prévient comme lui la réflexion [3] »). Si général et profondément

---

1. « Tous les Hommes, par un sentiment secret, et sans connaître les règles de l'art, discernent ce qu'il y a de bon ou de défectueux dans le travail de l'artiste et dans ses procédés » (Marcus Tullius Cicéron, *De l'Orateur*, troisième dialogue, 50, trad. A. Th. Gaillard, *Œuvres Complètes*, Tome I, Paris, Firmin Didot Frères, 1869).
2. En français dans le texte.
3. En français dans le texte. La citation est extraite de l'article « goût » de l'*Encyclopédie* de Diderot, dû à la main de Voltaire.

enraciné qu'ait effectivement été l'intérêt philosophique pour le goût (un effort pour saisir à l'aide de moyens rationnels un phénomène irrationnel, insaisissable), il est apparu difficile de décider si la raison, contrepartie du sentiment, devait valoir comme instance dernière et supérieure ou si le goût, sens immédiat pour le beau et l'approprié, jugeant indépendamment de règles et parfois *à l'encontre* des règles, n'était pas dans son bon droit avec son jugement. Il existait une thèse intermédiaire affirmant que le goût – par là, on entend toujours le goût « naturel » et « non corrompu », qui n'est pas tenu de s'aligner sur le goût dominant – se risque, dès la première impression, à prononcer un premier arrêt, voué à être plus tard confirmé et éclairé par l'entendement, autrement dit par la réflexion orientée sur des règles : tout comme s'il existait une « harmonie préétablie » entre l'involontaire et le raisonnable. Le goût était à l'origine une catégorie sociétale, aussi bien lorsqu'il était compris comme *Gefühl* (*sentiment*[1]) que comme *Sinn* (*sens*[2]). Kant l'a défini, en accord avec la tendance dominante de son siècle, comme un « sens commun » (*sensus communis*, *common sense*) se manifestant et se confirmant au contact des autres, et non par l'immersion solitaire dans une œuvre d'art. En tant qu'il fait preuve de goût, l'individu s'élève au-dessus du caractère borné de ses inclinations contingentes. Le particulier et le général, le privé et le public s'interpénètrent et se saisissent ainsi mutuellement, sans que le goût perde le caractère d'un sentiment dont on ne peut pas discuter.

Il semble que quatre moments soient caractéristiques du goût tel qu'il était compris au XVIIIe siècle. Premièrement, il juge toujours de l'individuel, qu'il comprend, à partir de la situation dont il dépend, comme un cas particulier. Toutefois, et c'est là le deuxième point, ce ne sont pas tant l'œuvre singulière, ni même l'état

---

1. En français dans le texte.
2. En français dans le texte.

esthétique distinct du quotidien dans lequel l'œuvre transporte l'observateur qui sont décisifs, mais bien plutôt l'éducation artistique et la culture véhiculée par l'art. Car, troisièmement, le goût s'exprime en jugements négatifs plutôt que positifs : le choix de ce qui est approprié résulte du rejet de ce qui est de mauvais goût, et non l'inverse. Pourtant, le « sens commun », le *général* qui légitime les jugements singuliers, est moins un fait qu'un postulat : c'est, pour emprunter le mot de Kant, une « idée régulatrice ». Dans la réalité imparfaite où nous vivons, il arrive très souvent que les jugements de goût ne s'accordent pas, et il n'existe pas de normes à l'aune desquelles leur justesse ou leur fausseté seraient démontrables à la manière d'un théorème mathématique. Toutefois, les jugements sur le beau – à la différence des jugements sur ce qui est simplement agréable – incluent toujours la prétention à la validité universelle, que ce soit de façon explicite ou implicite : je peux dire qu'une chose « *m*'est agréable », mais pas qu'elle « *m*' » est belle, et je suis donc déjà obligé par la langue, qui est esprit objectif[1], à prétendre à l'accord des autres avec mon jugement. Mais l'instance censée s'acquitter de cette prétention, ce ne sont pas « les hommes » comme quantité dénombrable, mais « l'humanité » que chacun porte en lui, ne serait-ce qu'à titre de possibilité non accomplie. Bien que Kant ait été dans une disposition philanthropique, il parlait avec dédain de la tendance qui consiste à « sonder les avis » autour de soi, à loucher en direction de l'autre et de cette opinion publique, de ce gris sur gris résultant de la dépendance réciproque des indécis. Il était cependant convaincu, par ailleurs, qu'il n'est pas superflu de comparer ses jugements sur les œuvres d'art avec ceux des autres ou avec ses propres jugements plus anciens, afin de gagner de la distance vis-à-vis de soi-même et de la situation. Bien que

---

1. C. Dahlhaus propose, par son vocabulaire, une lecture assez hégélienne de Kant.

l'« universalité empirique », l'accord du plus grand nombre, n'apporte alors qu'une piètre garantie de vérité – puisque l'opinion dominante du moment peut bien reposer sur un aveuglement –, il n'en demeure pas moins qu'il est impossible de la mépriser, car elle est l'indice de l'« universalité idéale » du *sensus communis* et le contrepoids à l'emprisonnement partial de l'individu en lui-même. La conscience esthétique de l'individu représente en effet l'« humanité » (potentiellement, mais non toujours actuellement), cette idée dont se nourrit la prétention du jugement de goût à l'universalité. Le subjectif n'est pas encore objectif, bien qu'il doive le devenir. Chez le sobre Kant, l'Esthétique s'habille aussi des couleurs de l'utopie.

chapitre 2
la musique en tant que texte
et la musique en tant qu'œuvre

La peinture agit dans l'espace et par une représentation artificielle de l'espace. La musique et tous les arts énergiques agissent non seulement dans le temps, mais aussi à travers lui au moyen de l'alternance artificielle des sons. L'essence de la poésie ne se laisserait-elle donc pas elle aussi reconduire à un concept central analogue, dans la mesure où elle agit sur l'âme par des signes arbitraires, par le sens des mots ? Nous proposons de nommer *force* le moyen de son action : ainsi, de même que dans la métaphysique l'espace, le temps et la force sont trois concepts fondamentaux, et que les sciences mathématiques se laissent toutes ramener à l'un de ces trois concepts, dans la théorie des belles sciences et des arts nous proposons de dire : les arts qui produisent des œuvres agissent dans l'espace ; les arts qui agissent par l'énergie le font dans le temps ; les belles sciences du beau, ou plutôt l'unique belle science, la poésie, agit par la force (Herder, *Sylves Critiques*[1]).

1. Johann Gottfried Herder [Mohrungen, 1744-Weimar, 1803], poète, musicologue et philosophe allemand, disciple de Kant, inspirateur du *Sturm und Drang* et ami de Goethe. Ses *Sylves Critiques* datent de l'époque où Herder était encore sous l'influence de Rousseau. Nous traduisons.

Ces phrases dans lesquelles Herder définit la musique comme un art du temps qui agit « non seulement dans le temps, mais à travers lui » sont tirées du premier volet des *Silves critiques*[1], qui est une réponse au *Laocoon* de Lessing. Herder y reprenait à sa charge le programme consistant à déterminer les limites respectives des arts. Tous deux s'inscrivaient dans une tradition aristotélicienne[2]. Herder partageait avec Lessing le projet de développer une théorie des arts plutôt qu'une métaphysique du Beau. La distinction entre *poièsis* et *praxis* qui fonde de façon implicite la définition de la musique dans les phrases citées ci-dessus était également aristotélicienne. En effet, dans son sobre usage grec, la *poièsis* ne veut rien dire d'autre qu'un *produire*, tandis que la *praxis* signifie un *agir*. Ainsi, lorsque Herder nomme la musique un art « énergique », il entend par là qu'elle est essentiellement une activité (*Tätigkeit, energeia*), plutôt qu'une œuvre (*Werk, ergon*). Les propos que Humboldt tient au sujet de la langue dans son traité sur *La Différence de construction de la langue dans l'humanité et l'influence qu'elle exerce sur le développement spirituel de l'espèce humaine* (§ 12) s'appliquent également à la musique : « Assumée dans sa réalité essentielle, la langue est une instance continuellement et à chaque instant en cours de transition anticipatrice. L'écriture elle-même ne lui assure qu'une conservation incomplète et momifiée, qui sollicite de toute urgence l'effort nécessaire pour percevoir le discours vivant. En elle-même, la langue n'est pas une

---

1. J.G. Herder, *Kritische Wälder. Oder einige Betrachtungen die Wissenschaft und Kunst des Schönen betreffend* [1769] ; *Œuvres complètes* en 33 vol., éd. Bernard Suphan, Hildesheim, Georg Olms Verlag, 1967, tome III, (« *Silves critiques sur l'esthétique* ou *considérations sur la science et l'art du Beau* »), p. 137.
2. Opposée *supra* et *infra* (chapitre 7) à la tradition platonicienne de Schopenhauer.

œuvre (*ergon*), mais une activité (*energeia*). Aussi sa véritable définition ne peut-elle être que génétique [1]. »

L'idée selon laquelle la musique s'exemplifie dans des œuvres, si solidement enracinée soit-elle depuis plus d'un siècle et demi, est donc loin d'être évidente. Ses prémisses remontent au XVIe siècle. Dans la *Musica* en 1537, le maître de chapelle, Nikolaus Listenius [2], qui avait étudié à Wittenberg et restait sujet à l'influence de Melanchthon [3], rangea l'activité de composer dans la *poièsis*. Il dissocia ainsi de la *musica practica* [4], de l'activité musicale, une *musica poetica* qui est un faire et un produire, un travail par lequel quelque chose est produit, qui constitue après la mort de son auteur, une œuvre complète et subsistant en elle-même (*Poetica... consistit enim in faciendo sive fabricando, hoc est, in labore tali, qui post se etiam artifice mortuo opus perfectum et absolutum relinquat* [5]). L'accent porte ici sur le texte musical, plutôt que sur son exécution.

---

1. J.G. Herder, *Introduction à l'œuvre sur le kavi*, tr. fr. par P. Caussat légèrement modifiée, Paris, Seuil, 1974, p. 183. Dahlhaus parlera *infra* (chapitre 14) de « fossilisation » pour les œuvres de musique ancienne qui ne faisaient plus partie du langage musical courant à son époque.

2. Nikolaus Listenius [Hambourg, 1510-?], théoricien de la musique.

3. Philipp Melanchthon [Bretten, 1497-Wittenberg, 1560], créateur du terme de *psychologie*, philosophe et humaniste réformiste.

4. Intitulé devenu surtout pour le public français le titre d'un célèbre essai de Roland Barthes.

5. Voici la traduction de l'ensemble de ce passage cité par Olivier Trachier, dans la préface des *Praecepta musicae poeticae* de Gallus Dressler, Paris, Minerve, 2001 : « La musique poétique est celle qui ne s'arrête ni à la connaissance de l'objet, ni à son seul exercice, mais qui laisse après son travail quelque chose de créé, comme lorsque quelqu'un écrit une musique ou un poème musical. Son but est l'œuvre réalisée et achevée. Elle consiste en effet à faire ou encore à fabriquer, c'est-à-dire dans une activité telle qu'elle laisse même après elle, le créateur une fois disparu, une œuvre parfaite et autonome. Aussi le musicien-poète est-il celui qui travaille à laisser quelque chose derrière lui. Et ces deux dernières catégories [musique *pratique* et musique *poétique*] tiennent sans relâche la précédente unie à elle, mais non l'inverse ».

La notation n'est plus une simple prescription pour « mettre en œuvre » la musique, mais elle est elle-même une œuvre.

L'idée de Listenius selon laquelle la musique est un *opus absolutum*, une œuvre en elle-même détachée de sa remémoration sonore, n'apparut pour la première fois dans la conscience « des connaisseurs et des amateurs » qu'autour de 1800. Elle reste encore à ce jour inconnue des auditeurs dont l'expérience musicale se limite à la musique triviale. Accorder peu de prix aux résistances que cette idée a rencontrées, ou ne pas en tenir compte, ce serait rester aveuglément prisonnier de nos habitudes langagières. Car, si l'on peut difficilement nier que la musique soit un art énergétique se réalisant dans une activité, comme Herder l'affirme, son caractère d'œuvre reste en revanche problématique.

La musique est transitoire : elle *passe*, au lieu de s'exposer à la contemplation. C'est en raison de cette essence éphémère et fugace qu'en 1490 Adam von Fulda l'assimila à une « *meditatio mortis* ». Si, à suivre Bonaventure, les critères de l'œuvre artistique sont la *beauté*, l'*utilité* et la *stabilité*, la musique peut sans doute, par sa forme et par la puissance de ses affects, être un « *opus pulchrum et utile* »[1], mais non un « *opus stabile* »[2]. Un demi-siècle plus tard, dans l'*Esthétique* de Hegel, la même idée selon laquelle la structure temporelle de la musique serait un manque ressurgit. Hegel concède à l'œuvre musicale « un commencement de distinction entre le sujet qui l'apprécie et l'œuvre objective » ; et pourtant, « cette opposition ne va pas, comme dans les arts plastiques, jusqu'à la fixité d'un spectacle permanent, durable, extérieur qui permet de contempler des objets existant par eux-mêmes ». Au contraire, « son existence réelle consiste dans une disparition temporelle instantanée » (dans l'édition de F. Bassenge, Francfort,

---

1. « Une œuvre belle et utile ».
2. « Œuvre stable »

J. II, p. 275[1]). Le fait que la musique soit un processus plutôt que quelque chose qui demeure, suffit pour que Hegel ne lui reconnaisse qu'un degré d'objectivité faible et évanescent. L'audible n'est pas ressenti comme quelque chose qui nous fait face, mais comme un événement qui nous englobe et s'impose à nous, au lieu de rester à distance : c'est pourquoi Kant reproche à la musique son « manque d'urbanité », le fait même qu'elle « s'impose ».

Et pourtant, en toute rigueur, il serait également erroné de lui dénier une « objectivité en soi ». Analogue à cet égard à une œuvre des arts plastiques, la musique est bien un objet esthétique, c'est-à-dire un objet pour la contemplation esthétique. Son objectivité ne se révèle toutefois pas tant de façon immédiate qu'indirectement : non au moment même où elle retentit, mais seulement lorsqu'à la conclusion d'un phrasé ou de l'une de ses parties, l'auditeur fait retour sur ce qui s'est évanoui et se le remémore comme une totalité close. La musique reçoit simultanément une forme quasi-spatiale : ce qui est écouté s'affermit jusqu'à devenir un objet nous faisant face, une « objectivité pour elle-même ». Et rien ne serait plus faux que de voir dans cette tendance à la spatialisation une distorsion de son essence. Pour le dire de façon paradoxale, dans la mesure où elle est *forme*, elle atteint son essence véritable au moment même où elle s'évanouit. Encore fixée par la mémoire, elle fait retour avec une distance qu'elle ne possédait pas dans son présent immédiat ; et, dans cette distance, elle se constitue comme une forme plastique que l'on peut embrasser du regard. Spatialisation et forme, retour et objectivité se rapportent corrélativement l'un à l'autre : le premier soutient ou présuppose le second.

Puisque la musique est essentiellement activité (*energeia*), comme l'affirme Herder, sa notation remplit une tout autre fonction que

---

1. Voir pour tout ce passage Hegel, *Esthétique*, IV, trad. fr. par Charles Bénard, Paris, le Livre de Poche, 1997, tome II, p. 29.

la consignation par écrit du langage (Thrasybulos G. Georgiades [1] l'a montré). La fixation en un texte, la composition, est un phénomène historiquement tardif. Certes, pour la littérature, un saut sépare également la parole de l'écriture, le récit parlé du récit couché par écrit. Cependant, le langage écrit représente le langage parlé à un plus haut degré que la musique notée ne représente la musique. En effet, pour saisir le sens d'une œuvre littéraire, il n'est pas nécessaire de se remémorer la forme sonore des mots, ni même de la connaître. La signification est transmise par les signes écrits, si ce n'est exhaustivement, du moins dans ses traits principaux, même lorsqu'on se passe de compléter par l'imagination la sonorité et le geste expressif, ou lorsqu'on n'a d'autre choix que d'y renoncer, comme par exemple pour les langues mortes. À l'inverse, la lecture silencieuse de la musique, dans la mesure où elle ne saurait se réduire à cette maigre abstraction, consiste en une écoute intérieure constante qui traduit les signes en sons. Contrairement au sens linguistique, le sens musical n'est pas séparable du fait sonore, ou ne l'est que dans une moindre mesure. Aussi la composition exige-t-elle, pour être réellement musicale, qu'on l'interprète en la faisant entendre.

Il serait toutefois exagéré de dénier à la musique écrite le caractère d'un texte au sens fort du terme et de ne voir dans la notation que la prescription d'une pratique musicale. Au prix d'un raccourci abrupt laissant de côté les caractères affectifs, on peut définir la signification musicale comme l'incarnation des relations entre les événements sonores dont une œuvre se compose [2]. Les relations et les fonctions tonales sont toutefois un troisième moment à côté et au-delà de la notation et de sa réalisation sonore, qui les transcende tous deux. Ni la notation, ni le fait sonore en tant que

---

1. Thrasybulos Georgiades [Athènes, 1907-Munich, 1977], pianiste et musicologue grec, auteur notamment de *Musik und Schrift*, Oldenburg, Munich, 1962.
2. C. Dahlhaus ouvre ainsi vers le chapitre 9, introduisant le *formalisme*.

tels ne recèlent ce *fait* musical que les accords en sol et en ut majeur assument les fonctions de dominante et de tonique, et constituent une cadence, un point de repos. Le sens musical est « intentionnel » : il n'existe que dans la mesure où l'auditeur le saisit.

La question de savoir si la signification est à lire dans l'écriture ou dans les sons n'est pas fixée *a priori*. La musique ne s'épuise pas dans la pratique. S'il est vrai que les compositions où le timbre possède un rôle significatif ou même constitutif dépendent pour une grande part de leur réalisation sonore, à l'inverse, il est tout aussi indéniable que la lecture musicale complétée par l'imagination sonore révèle le plus souvent sans la moindre peine des rapports entre des motifs enchevêtrés. L'opinion selon laquelle seul ce qui est audible posséderait un droit à l'existence musicale est donc un préjugé douteux. C'est une différence de degré plutôt que de principe que celle entre la langue écrite et la notation musicale, entre le modèle du langage vivant résultant de la lecture d'une œuvre littéraire et la représentation sonore découlant de la lecture d'une partition. À l'encontre des tendances qui nient la part du visuel dans la compréhension de l'œuvre musicale ou qui ne lui accordent que peu d'importance, il serait temps de faire une apologie de la « musique sur papier ».

Dans *L'Origine du drame baroque allemand*, Walter Benjamin affirme que « la réalité suprême de l'art » est « l'œuvre isolée, close sur elle-même » [1]. Le concept d'œuvre constitue le centre autour duquel gravite l'esthétique classique. La théorie de l'art à l'âge de la Religion de l'Art (Heine la nomma ainsi, et Karl Philip Moritz en délivra une formulation exemplaire dans *De l'imitation formatrice*

---

1. W. Benjamin, *L'Origine du drame baroque allemand*, trad. fr. par Sibylle Muller, Paris, Champs-Flammarion, 2009, p. 54, légèrement modifiée.

du beau [1]), vise ce qui est parfait en soi. Une chose qui prétend appartenir au domaine artistique n'existe pas en raison de son action, mais de sa perfection intérieure propre. En tant qu'œuvre d'art au sens emphatique du terme, c'est une individualité reposant en elle-même. Et on lui accorde sans la moindre réserve une dignité métaphysique au sens que Schelling lui donne dans sa *Philosophie de l'art*. Ce qui est décisif ici n'est ni l'activité par laquelle elle est produite, ni l'action qui émane d'elle, mais son existence en elle-même. Elle apparaît comme un *opus perfectum et absolutum* en un sens que le Cantor provincial du XVIᵉ siècle à l'origine de cette formule [2] ne pouvait soupçonner. Elle exige que l'auditeur la contemple, l'observe, en s'oubliant.

Cette pique polémique qu'était l'idée selon laquelle une œuvre artistique repose en elle-même, était dirigée contre la conception traditionnelle, tant rebattue qu'elle semblait aller de soi, selon laquelle l'*opus pulchrum* est dans le même temps un *opus utile*, et qu'il accomplit par conséquent une fin, soit pratique, soit morale. La religion de l'art signifiait pour l'art une émancipation de la religion. L'œuvre d'art y perd toute fonction : dans la mesure où elle est un tout en soi, elle ne saurait faire partie d'un tout plus vaste dont elle serait la servante.

En effet, au cours de ce Moyen Âge dont les représentations ont eu des répercussions en Allemagne jusqu'au début du XVIIIᵉ siècle, la pratique musicale, y compris celle de la composition, valait encore comme *ars mechanica*, comme technique. Et elle restait mesurée à l'aune des fins religieuses ou profanes qu'elle visait. Bien que les proportions arithmétiques qui étaient au fondement des intervalles et des rythmes musicaux fissent l'objet d'une connaissance spéculative qui valait comme *ars liberalis* et comme

---

1. Karl Philipp Moritz, *Von der bildenden Nachahmung des Schönen*, éd. par S. Auerbach, Heilbronn, Itenninger, 1888 [1786]. K.P. Moritz [Hameln, 1727-Berlin, 1793], fut un écrivain allemand et un théoricien de l'Esthétique.
2. Il s'agit de N. Listenius, déjà évoqué plus haut.

musica au sens propre et plus élevé du terme, l'exécution restait rangée dans les aptitudes purement mécaniques. L'aspect technique n'était toutefois pas si rigoureusement distingué de l'aspect métaphysique, car la spéculation intervenait de façon régulatrice dans la pratique : elle prenait, elle aussi, le fait sonore comme point de départ afin d'accéder, par l'élévation graduelle de la pensée, à une méditation sur les structures arithmétiques et leur signification. L'art de composer un motet était au XIIIe siècle un artisanat. Et pourtant, à la même époque, les nombres qui réglaient les rythmes, étaient interprétés de façon allégorique ; le rythme ternaire était le symbole de la Trinité, comme mesure parfaite, comme *perfectio*. Et lorsqu'au XIVe siècle, Jacobus von Lüttich (*Speculum musicae*) protesta contre le rythme binaire de l'*ars nova*, son objection était en grande partie motivée par des considérations théologiques.

À l'inverse, depuis le XVIIIe siècle, un abîme sépare la musique conçue comme un art de *l'artisanat*. On peut sans doute s'en désoler, mais on ne saurait le nier. Un compositeur qui, d'une façon archaïsante, promeut un retour à l'artisanat, peut trouver une forme de sécurité à « arranger les événements sonores » comme s'il s'agissait de « pierres de construction », mais il le paie au prix fort en retombant dans une seconde primitivité. L'Esthétique, la théorie de l'œuvre d'art au sens moderne et emphatique du terme, se perd tout autant dans la prise en compte technique de la musique que dans sa prise en compte morale ou spéculative. Les interprétations allégoriques tombent en discrédit. Les postulats moraux sont proscrits en tant qu'objections étrangères et extérieures à l'art ; les manuels d'artisanat et les livres de recettes de la *musica pratica* ne font, depuis le *Gradus ad Parnassum* de Fux[1], que

---

1. Johann Joseph Fux [Hiertenfeld, 1660-Vienne, 1741], compositeur autrichien. Haydn recommanda son œuvre au jeune Beethoven. La seconde moitié du vingtième siècle s'intéressa à cet ouvrage pour la composition musicale assistée par ordinateur, à partir de l'« Illiac Suite » de Lejaren A. Hiller et Leonard M. Isaacson [1956].

tomber encore plus bas, jusqu'au niveau d'une langue morte, jusqu'au rang d'études qui transmettent sans doute une notion des règles de la grammaire musicale, mais qui ne peuvent rivaliser avec une véritable composition. L'*artifex*, d'artisan qu'il était, s'élève au rang de « compositeur ».

Il faut reconnaître toutefois que l'absence de toute fonction ou l'autonomie de l'œuvre musicale, son émancipation de tout but extérieur, ne consomment pas une rupture aussi radicale avec la tradition de la musique fonctionnelle, comme l'âpreté des polémiques qui cherchaient à établir le concept moderne de musique pouvait le laisser supposer. Les fins furent « surmontées », rejetées comme invalides et en même temps incorporées au cœur de l'œuvre elle-même. Les critères qui avaient estampillé de l'extérieur un genre musical se transformèrent en qualités immanentes. La fonction de la *Polonaise* ou de la *Mazurka* – servir de musique de danse aristocratique ou rustique – leur restait attachée sous la forme d'une coloration affective, de souvenirs ou d'images fantastiques des festivités d'antan, même après leur stylisation en pièces de concert par Chopin. La détermination kantienne du beau comme « finalité sans fin » dans la *Critique de la faculté de juger* contient un sens qui n'était pas inclus dans l'intention de son auteur : les fins y sont supprimées en tant qu'elles sont externes, mais conservées à titre de traits constitutifs. Le passage à l'autonomie, l'émancipation des fins extérieures, fut lié au renversement de la hiérarchie entre le genre et l'œuvre individuelle. Préparé graduellement au XVIe siècle d'une façon à peine perceptible, il entra indiscutablement en pleine lumière autour de 1800. Dans la musique plus ancienne, encore fonctionnelle, l'œuvre était avant tout l'*exemple* d'un genre, et s'inscrivait dans sa tradition comme un individu dans une succession de générations qui allait au-delà de lui et lui survivait. Elle formait moins un tout isolé, clos sur lui-même, une individualité reposant en elle-même qu'elle n'était la manifestation d'un type dont la substance, développée au cours de décennies ou même de siècles, était la matrice, et auquel il fallait que l'auditeur se réfère pour comprendre l'œuvre. Pour un morceau de musique qui porte le nom de *Barcarolle*, comme Ernst Bloch [1] l'a fait remarquer, il est au moins aussi essentiel de représenter clairement le type de la *barcarolle* que d'être une œuvre individuelle avec des critères déterminés et particuliers.

Mais les genres ont rapidement perdu de leur substance à partir de la fin du XVIIIe siècle. Bien que la *Barcarolle* de Chopin évoque encore l'image de Venise, ses aspects singuliers, ceux qu'on ne saurait reproduire, lui sont plus essentiels que les traits généraux partagés avec d'autres morceaux du même nom. Le concept de genre n'a plus de valeur prescriptive pour les œuvres particulières : il s'estompe pour n'être plus qu'un concept général abstrait, tiré rétrospectivement de formes individuelles qui, au XXe siècle, finalement, ne se laissent plus subsumer sous un genre que par la contrainte.

---

1. Ernest Bloch [Genève, 1880-Portland, 1959], compositeur, musicien et pédagogue suisse naturalisé américain en 1924, fut notamment l'élève de Dalcroze.

chapitre 3
transformations
de l'esthétique du sentiment

> Le but final et ultime des différents mélanges et liaisons entre les
> sons auxquels l'art procède est de conquérir le cœur par le biais des
> émotions que provoquent ces mélanges et liaisons entre les sons sur
> les instruments sensibles de l'oreille, de tenir ainsi occupées toutes
> les forces de l'âme, et de contribuer à son bien-être à travers la
> purification des passions et des affects » (Christoph Nichelmann,
> *La mélodie selon son essence et ses propriétés*, 1755, chap. XI [1]).

Christoph Nichelmann [2], claveciniste aux côtés de Carl Philipp
Emanuel Bach dans la chapelle de Frédéric le Grand, fut un
éclectique. Il rassembla pêle-mêle, dans les notes de son livre sur
l'Esthétique, les représentations dominantes du siècle de
l'*Aufklärung* : peu importait qu'elles soient en accord ou en intime
contradiction. Le sentimentalisme du XVIIIe siècle attendait de la
musique (et en particulier du jeu de clavicorde) qu'elle produise

---

1. Christoph Nichelmann, *Die Melodie nach ihrem Wesen sowohl als nach ihren Eigenschaften*,
Dantzig, J.C. Schuster, 1755. Nous traduisons.
2. C. Nichelmann [Treuenbrietzen, 1717-Berlin, 1762], pianiste et compositeur allemand.

un mouvement indissociablement sensible et psychique, qu'elle touche celui qui l'écoute. On ne se gênait pas davantage pour parler de la mécanique, des « outils » transmettant le délice de l'émotion, qu'on n'éprouvait de honte face à ses propres larmes – toutes fugaces qu'elles furent. On adoptait donc une attitude rationnelle face à l'irrationnel.

La *catharsis* aristotélicienne, cette « purification des passions et des affects », s'affadit quant à elle en simple moyen visant la conservation du « bien-être » de l'âme. Et elle se réduisit encore plus dans la conception esthétique de Nichelmann. Ce dernier soutient, sous l'influence de la conviction aristocratique et orgueilleuse de l'Abbé Dubos[1] selon laquelle l'ennui est le pire des maux, que le « but final » de la musique serait de le dissiper et de « tenir occupées toutes les forces de l'âme ». L'ancienne théorie des affects s'était soumise à la domination de la morale : les affects, comme on le lit au XVIe siècle dans le traité *De anima* (livre III) de l'espagnol Vives, sont des *motions* qui nous poussent à rechercher le bon et l'utile et à fuir le mauvais et le nuisible (*Istarum facultatum quibus animi nostri praediti a natura sunt ad sequendum bonum vel vitandum malum actus dicuntur affectus sive affectiones, quibus ad bonum ferimur vel contra malum vel a malo recedimus*[2]). Quoiqu'il fût abbé, Dubos s'est montré plus accommodant dans la mesure où ce qui est décisif pour lui n'est pas la direction des sentiments, mais la puissance des émotions

---

1. Jean-Baptiste Dubos [Beauvais, 1670-Paris, 1742], diplomate, historien et important théoricien de l'Esthétique.
2. « Les mouvements de ces facultés par lesquelles nos esprits sont disposés par la nature à suivre le bien ou à éviter le mal sont appelées affects ou inclinations, par quoi nous sommes portés au bien, évitons le mal, ou nous en détournons » (Johann Ludovic Vives, *De Anima et vita*, ed. Sancipriano, Padova, Gregoriana, 1974, proemium du livre 3, p. 456, nous traduisons). Il semble possible que Dahlhaus connaisse ce texte grâce à Dilthey, qui le cite dans *Weltanschauung und Analyse des Menschen seit Renaissance und Reformation*, Stuttgart, B.G. Teubner, 2e édition, 1921, p. 424.

censées guérir de la maladie de l'ennui. Les *Réflexions critiques* de l'année 1719, dans lesquelles Dubos déclare que les mouvements de l'âme sont des fins en soi, ont fondé – avant Rousseau même – le sentimentalisme esthétique, contrepartie indispensable au rationalisme de ce siècle. Le jugement « *par voye de sentiment* » devait se substituer au jugement « *par voye d'analyse* »[1].

L'idée selon laquelle c'est le but de la musique que de représenter et de provoquer des affects constitue un *topos* qui ne s'enracine pas moins profondément dans l'histoire que la thèse adverse faisant de la musique une mathématique sonore. Au VIIe siècle, Isidore de Séville[2] écrit en s'appuyant sur des traditions antiques : « *Musica movet affectus, provocat in diversum habitum sensus* »[3]. Cette phrase selon laquelle la musique meut les affects et transporte l'auditeur dans des états d'âmes successifs se retrouve, deux siècles plus tard, chez Raban Maur[4]. Une musique qui ne touche pas les passions n'est qu'un bruit sans vie.

Quoiqu'elle ait placé l'accent sur l'effet de la musique, sur le mouvement de l'âme, la théorie des affects présuppose toutefois implicitement une conception d'abord objective et objectivante des sentiments musicaux caractéristiques. Lorsqu'il est question de la musique antérieure au milieu du XVIIIe siècle, la convention linguistique datant du XIXe siècle qui veut qu'on parle d'« expression » et d'« humeur » est trompeuse, ou pour le moins incompréhensible. Le qualificatif d'« expression » laisse imaginer un sujet qui se

---

1. Les expressions entre guillemets sont en français dans le texte.

2. Isidore de Séville [Carthagène, 560-636], évêque.

3. « La musique meut les affects et transporte l'auditeur dans des états d'âme successifs », si l'on suit la traduction de Dahlhaus en allemand. On peut consulter ce texte dans Isidorus Hispalensis, « *Sententiae de Musica* », dans Martin Gerbert (éd.), « Scriptores ecclesiastici de musica sacra potissimum », Saint Blaise, 1784, I, 20.

4. Raban Maur [Mayence, 780-Winkel im Rheingau, 856], moine bénédictin, théologien, surnommé « le précepteur de la Germanie » (*praeceptor Germaniae*). Son *De Rerum naturis* (*De la Nature des choses*) fut lu jusqu'au XIIIe siècle.

tiendrait derrière l'œuvre et parlerait de lui-même dans la « langue des sentiments » musicaux. Quant au terme d'« humeur », il laisse imaginer un complexe de sentiments dans lequel l'auditeur s'immergerait en se tournant vers son propre état. Les sentiments musicaux caractéristiques sont cependant tout d'abord compris comme objectifs, ainsi que le montre Kurt Huber [1] (*L'expression des motifs élémentaires dans la musique*, 1923 [2]). L'impression de *sérieux*, de *trouble* ou de *langueur* est attribuée de manière involontaire à la structure sonore elle-même comme l'une de ses propriétés. Si on le perçoit dans un premier temps sans préjugés, un motif mélodique n'exprime pas plus la *langueur* qu'il ne transporte l'auditeur dans une humeur langoureuse, mais il apparaît *lui-même* comme langoureux. Ce n'est qu'ensuite si tant est que cela arrive que l'on éprouve cette impression émotive comme *état*, ou qu'on l'interprète comme un signe. La transition vers une humeur que l'auditeur ressent comme sienne, tout comme l'idée que le sentiment caractéristique est l'expression d'une personne, d'un sujet derrière la musique, sont secondaires. Ces différents moments ne sont bien sûr pas nettement séparés : ils fluent souvent insensiblement l'un dans l'autre, et il ne peut être question que de mises en relief successives, et non d'une domination exclusive d'une fonction ou d'une autre. Ces déplacements d'accent sont pourtant suffisamment essentiels pour qu'on puisse distinguer des âges dans le développement de l'esthétique du sentiment.

La théorie du langage distingue, selon Karl Bühler, trois fonctions de la proposition : « déclenchement », « représentation » et

---

1. Kurt Huber [Chur, 1893-Munich, 1943], professeur de psychologie et de musique à l'université Louis-Maximilien de Munich, auteur d'une biographie de Leibniz. Il fut exécuté par les nazis pour son opposition au régime.
2. K. Huber, *Der Ausdruck musikalischer Elementarmotive*, Leipzig, Barth, 1923.

« manifestation »[1]. On *déclenche* des actions, on *représente* des états de fait et on *manifeste* des états d'âme. Une séparation analogue des fonctions dans l'esthétique musicale ne serait pas sans utilité, car la *théorie des affects* et l'esthétique du sentiment courent le risque de s'épuiser à répéter de manière monotone la formule selon laquelle la musique est « expression ». Du fait de la corrosion à laquelle il était soumis, en tant que pierre angulaire de l'esthétique des amateurs, le concept d'expression est devenu si équivoque, si vague et tellement large qu'il est impératif de le préciser et de le circonscrire plus étroitement pour qu'il ne devienne pas inutilisable. Or le sens du mot nous suggère de ne pas entendre par « expression » autre chose que « communication ». C'est ainsi que Wilhelm Heinse[2] comprenait la musique comme le moyen d'« exhaler ses émotions », d'« épancher ses passions » hors de soi. La théorie des affects de l'Antiquité et du Moyen Âge ne serait pas dès lors une « esthétique de l'expression », puisque les affects y étaient, comme l'écrivait Isidore, « mis en mouvement », c'est-à-dire « déclenchés », et non « communiqués ». Et même le lieu commun du XVIIᵉ siècle et du début du XVIIIᵉ, selon lequel le but de la musique résiderait dans l'« *affectus exprimere* », serait mal compris si on parlait d'« expression » en pensant à la communication d'émotions du compositeur ou de l'interprète. Les affects étaient représentés, dépeints, et non pas « tirés de l'âme », pressés hors de l'intériorité émue.

---

1. Voir Karl Bühler, *Théorie du langage* et *La Fonction représentationnelle du langage*, trad. Didier Samain, Marseille, Agone, « Banc d'Essais », janvier 2009. K. Bühler [Meckesheim, 1879-Los Angeles, 1963], psychologue, philosophe et théoricien du langage, fut membre de l'école de Würzbourg et enseigna à Vienne. On voit parfois en lui l'initiateur de la pragmatique.
2. Johann Jakob Wilhelm Heinse [Langewiesen, 1746-Aschaffenburg, 1803], poète du *Sturm und Drang*, savant et bibliothécaire allemand.

1.

Le *Complexus effectuum musices* est un traité de Johannes Tinctoris [1] qui rassemble à la fin du XVᵉ siècle les spéculations et anecdotes amassées au fil des siècles et mêmes des millénaires. Les effets quotidiens de la musique y sont célébrés à côté de ses effets miraculeux : elle disperse la mélancolie, adoucit les cœurs trop durs, élève jusqu'à l'extase ou à la pieuse contemplation, excite jusqu'à l'excès ou dispose à la sagesse. Les « effets merveilleux » (*meravigliosi effetti*) nés d'elle dans l'Antiquité ont suscité l'envie des humanistes italiens des XVIᵉ et XVIIᵉ siècles, leur respect profond devant les Anciens leur interdisant la pensée consolante selon laquelle l'intensité est bien souvent payée du prix de la primitivité. Le concept d'effet (*effectus*) n'est pas univoque. Les sons compris comme *stimuli* au sens physio-psychologique libèrent des réflexes, excitent des sentiments que l'auditeur n'objective pas, mais ressent immédiatement comme les siens, comme une intervention dans son état d'âme. Il se sent livré à la musique, au lieu de l'envisager depuis une distance esthétique. De plus, d'après les normes de l'Esthétique du XIXᵉ siècle, l'écoute primitive et non objectivante est pré-musicale : elle est « pathologique » au sens d'une perte de soi et d'un sortir-hors-de-soi (Eduard Hanslick) [2].

Une seconde forme d'effet émotionnel plus différenciée se développe ultérieurement et se détache de la première, irréfléchie et inférieure, au sein de laquelle le facteur sonore n'était ressenti que comme stimulus déclencheur. C'est à cette seconde forme que s'applique la thèse de Kurt Huber : l'écoute musicale ne mérite ce nom que si l'auditeur perçoit tout d'abord objectivement les caractères des

---

1. Johannes Tinctoris, *alias* Jean de Vaerwere [Nivelles, 1435-1511], théoricien de la musique, compositeur et musicien appartenant à l'école franco-flamande. On lui doit le premier dictionnaire des termes musicaux. Il exerça au temps de la Renaissance une grande influence.
2. Voir *infra*, chapitre 9, p. 118.

sentiments comme des propriétés de la musique elle-même. Ce n'est qu'en second lieu, si cela se produit, qu'ils se transformeront en une humeur propre à l'auditeur. Nul besoin d'être soi-même ému pour pouvoir *reconnaître* la signification affective d'une musique.

Dans les analyses et spéculations musicothérapiques qui tentent, depuis l'Antiquité, d'expliquer les « *meravigliosi effetti* » des sons, le concept de mouvement a joué le rôle d'un intermédiaire entre la musique et les affects ou l'*ethos*. Les mouvements des sons déclenchent par sympathie les mouvements de l'âme (qu'on se représente parfois selon l'image de l'instrument à cordes) et sont subordonnés aux mêmes lois que les émotions psychiques. Les hypothétiques « esprits animaux », auxquels on attribuait la transposition des *stimuli* physiques en réactions psychiques, se dilatent ou se contractent, vont au devant d'un objet ou s'éloignent au contraire de lui. Selon Nicola Vicentino[1] (1555) et Gioseffo Zarlino[2] (1558), c'est le mouvement des esprits animaux qui rend raison du fait que les secondes, tierces et sixtes majeures, « dilatées », nous disposent à la joie, tandis que les mineures, « contractées », nous disposent à la tristesse. Herder écrivait à propos des effets de la musique que « l'élément passionnel en nous s'élève ou redescend, sautille et rampe, chemine lentement. Tantôt pressant, tantôt cédant, il émeut avec plus de faiblesse ou plus de force »[3].

1. Nicola Vicentino [Vicenza, 1511-?], compositeur et théoricien de la musique, auteur en 1555 de *l'Antica musica ridotta alla moderna prattica* (« la musique des anciens réduite à la pratique moderne »).
2. Gioseffo Zarlino [Chioggia, 1517-Venise, 1590], compositeur, est considéré comme l'un des plus grands théoriciens de la musique. Ses écrits furent lus dans toute l'Europe.
3. J.G. Herder, « *Kalligone* », première partie, *Von Angenehmen und Schönen*, III, *Vom Schönen und angenehmen der Umrisse, Farben und Töne*, dans Œuvres complètes, Stuttgart, Tübingen, Cotta, 1819 [1800], p. 59. Nous traduisons.

2.

L'Esthétique de l'imitation du XVIIIe siècle, dont Charles Batteux[1] a donné la version la plus rigoureuse et la plus efficace (*Les beaux arts, réduits à un même principe*, 1746[2]), concevait l'expression musicale des affects comme la représentation, la description des passions. L'auditeur endosse le rôle d'un spectateur impassible, d'un contemplateur qui juge de la ressemblance ou de la dissemblance d'un tableau. Il ne se sent pas lui-même en proie aux affects qui sont représentés musicalement, pas plus que le compositeur ne livre son émotion intérieure dans une communication sonore pour laquelle il attend de la part de l'auditeur de la compassion, de la « sympathie ». Il peint des sentiments étrangers plus qu'il n'exhibe les siens. Friedrich Wilhelm Marpurg[3] exigeait en 1757 dans ses *Contributions historico-critiques à la réception de la musique*, « qu'on cherche d'abord à déterminer et à étudier précisément, dans les choses relatives au chant, quel affect est contenu dans les mots, et à quelle intensité, et de quelles sensations il est composé… Qu'on s'efforce par suite d'examiner précisément l'essence de cet affect, et la nature des émotions auxquelles l'âme est alors exposée ; la manière dont le corps pâtit lui aussi, quelles émotions y seront produites… Ce n'est qu'alors et ensuite, après avoir mûrement et soigneusement médité, expérimenté, mesuré, et fixé tout cela qu'on peut se fier à son génie, à son pouvoir d'imagination et d'invention »[4].

---

1. Charles Batteux [Vouziers, 1713-Paris, 1780], grand théoricien de l'Esthétique.
2. C. Batteux, *Les Beaux-arts réduits à un même principe*, Paris, Saillant & Nyon, Veuve Desaint, 1773.
3. Friedrich Wilhelm Marpurg [Altmärkische Wische, 1718-Berlin, 1795], musicographe, musicien, théoricien et compositeur.
4. F.W. Marpurg, *Historisch-Kritische Beiträge zur Aufnahme der Musik*, Leipzig, 1754-1762. Nous traduisons.

De même que les autres arts réduits par Batteux au même principe, la musique est une « imitation de la belle nature [1] » (*Nachahmung der schönen Natur*). Les « sons animés [2] » (*belebte Töne*) constituent le modèle de la musique vocale, les sons « inanimés » (*unbelebte*) celui de la musique instrumentale. Puisque le chant est la représentation d'affects, Batteux ne peut penser une musique instrumentale pourvue de sens, qui soit plus qu'un son vide, que si elle « parle » ou « peint », comme imitation affaiblie de formules vocales ou comme musique à programme. « L'objet de tous les arts [3] » n'est pas cependant la nature réelle, telle qu'elle se montre tous les jours. Les sons du sentiment et les bruits des objets inertes, la révélation de l'intériorité humaine et l'image acoustique du monde extérieur, doivent être stylisés pour devenir les objets de cet art qui n'évite rien avec plus de crainte que de blesser le goût. Le « goût », qui sélectionne et modifie, était l'instance opposée à la « nature » ; cette dernière devait entrer dans l'art, non pas brute, telle qu'elle est, mais bien « telle qu'elle peut être », comme « belle nature » [4].

Ce n'est pourtant pas nécessairement au goût cultivé que se révèle cette beauté cachée dans le *donné* et découverte par le compositeur comme par le peintre ou le poète pour être représentée dans l'œuvre d'art. Jean-Jacques Rousseau opposait à l'orgueil de son siècle éclairé l'image d'un temps préhistorique paradisiaque où « la belle nature » [5] était encore une réalité. Et Rousseau, comme Herder et Wagner après lui, concevait la langue de cette époque ancienne comme poétique et musicale. Dans cette « langue originelle » dont la reconstruction constituerait le but de l'« imitation

---

1. En français dans le texte.
2. En français dans le texte.
3. En français dans le texte.
4. En français dans le texte.
5. En français dans le texte.

de la belle nature »[1], le son était éloquent et l'éloquence sonore. N'ont été conservés de cette langue originelle que des fragments épars. Les accents et les inflexions mélodiques de la voix par lesquels les hommes de cet utopique temps préhistorique exprimaient leurs affects sont estompés et réduits dans les langues modernes à de simples indices. Avant que les opéras de Gluck ne l'obligent à rectifier son jugement, Rousseau pensait que l'italien était plus proche de la langue originelle que le français, aux sonorités moins variées.

3.

L'idée selon laquelle les sons constituent des « signes naturels » des sensations, conception qui a régi l'esthétique musicale depuis Dubos, facilita la transition du principe de la représentation à celui de l'expression. La théorie de l'imitation, qui assignait au compositeur le rôle d'un observateur avisé, était rejetée par Carl Philipp Emanuel Bach[2], Daniel Schubart[3], Herder et Heinse, qui l'estimaient bornée et triviale. Le compositeur ne doit pas dépeindre des passions, mais – comme l'exprime Schubart dans une langue aussi sévère que la pensée qu'elle recèle – « transférer son *ego* dans la musique ». Seul celui qui rentre en lui-même et puise sa création dans son intériorité propre est « original ». Le principe d'originalité n'exige pas seulement la nouveauté, il exige aussi et surtout que l'œuvre d'art soit un « véritable épanchement du cœur ». La « peinture » des affects se renverse en leur

1. En français dans le texte.
2. Carl Philipp Emanuel Bach [Weimar, 1714-Hambourg, 1788], musicien et compositeur très apprécié, fut aussi un théoricien reconnu.
3. Christian Friedrich Daniel Schubart [Obersontheim, 1739-Stuttgart, 1791] fut poète, mais aussi organiste et compositeur. Emprisonné comme dissident politique, il aurait, avant d'être libéré par Frédéric II, dicté par une fissure du mur de sa cellule son livre *Ideen zu einer Aesthetik der Tonkunst* (« *Idées pour une esthétique de la musique* ») à un codétenu.

communication éruptive. « Que l'homme lui-même puisse s'exprimer dans la musique », telle était selon Hans Heinrich Eggebrecht[1] l'« expérience fondatrice » du « *Sturm und Drang* » musical. Pour reprendre l'expression de Schubart, la « singerie de la sensibilité » devint réelle.

L'esthétique de l'expression est livrée à des incompréhensions, plus encore que son pendant, le Formalisme. La formule selon laquelle la musique est ou devrait être un « épanchement du cœur » court le risque de devenir la justification et l'excuse d'un dilettantisme enthousiaste, qui considère comme un avantage son insuffisante maîtrise des techniques de composition au lieu d'y voir un défaut. Il sera dès lors permis d'être un peu pédant en distinguant les différents aspects du principe de l'expression.

Tout d'abord, la consigne indiquant qu'un passage doit être « expressif », joué « *con espressione* », ne doit pas être confondue avec une note marginale dans laquelle le compositeur préciserait que la musique est née sous la contrainte et le *diktat* d'un sentiment réel. Les indications techniques ayant trait au type de jeu ne sont pas des confidences esthétiques.

Deuxièmement, un auditeur se comporte de façon extra-esthétique et triviale lorsqu'il s'interroge sur la réalité biographique dont il soupçonne l'irruption dans un morceau de musique. L'expression musicale ne doit pas être immédiatement rapportée au compositeur comme à une personne réelle. Même les « expressionnistes » radicaux du XVIIIe siècle, Daniel Schubart et Carl Philipp Emanuel Bach, ne donnaient pas à voir leur personne privée empirique lorsqu'ils « s'exprimaient eux-mêmes à travers la musique », mais

---

1. H.H. Eggebrecht, « Das Ausdrucksprizip im musikalischen Sturm und Drang », dans *Deutsche Vierteljahrsschrift für Literatur und Geistesgeschichte*, 29, 1955, p. 323-349, ici p. 325. Le nom d'Eggebrecht [Dresde, 1919- Fribourg, 1999] est devenu récemment connu du grand public lorsque sa participation à des crimes de guerre nazis a été mise au jour.

leur « moi intelligible », l'*analogon* du « moi lyrique » de la Poésie. Cette sensibilité qui était au siècle de l'*Aufklärung* le complément et le revers d'une rationalité rigoureuse, n'était pas aussi dépourvue de goût qu'on le croit parfois encore aujourd'hui.

Troisièmement, la controverse à propos de la légitimité du plaisir musical « pathologique » – puisque Eduard Hanslick l'appelait dédaigneusement ainsi [1] –, n'aurait pas été si violente ni si déconcertante si les parties en conflit avaient eu plus clairement à l'esprit la différence entre composition et interprétation. L'esthétique de l'expression du XVIIIe siècle, et sa maxime disant qu'un musicien ne peut nous « émouvoir » que « s'il est lui-même ému » (Carl Philipp Emanuel Bach), doit certainement être comprise tout d'abord comme une théorie de l'exécution musicale. Schubart sentait renaître en lui le rhapsode, l'homéride reclus en un « siècle de scribouillards ». Or dans l'*Ion de* Platon c'est le rhapsode et non le poète qui doit se transporter lui-même dans les affects qu'il veut faire naître. Les contemporains de Bach attestent que ses propres exécutions sur le clavicorde déterminaient tellement l'effet de ses sonates et de ses fantaisies que leur transcription sur la partition n'en fournit que les schèmes abstraits. Le principe d'expression était pourtant admis pour l'esthétique de l'interprétation même par Hanslick, qui écrivait ainsi, comme s'il était devenu le fantôme de Herder ou de Heinse :

> C'est à *l'exécutant* qu'il est accordé de donner libre cours au sentiment qui l'anime véritablement, par son instrument, d'une manière immédiate, d'insuffler dans son jeu l'élan sauvage, l'ardeur du désir, la force sereine et la joie intime. L'intimité de mon *corps*, qui transmet son frémissement intérieur à l'archet ou aux cordes par le bout des doigts, ou se donne à entendre directement dans le chant, rend possible l'épanchement de l'état d'âme le plus personnel dans

---

1. Les compositeurs-musicographes nommés ici sont attaqués directement par Hanslick dans le manifeste du Formalisme qu'est *Du Beau dans la musique*.

l'exécution de la musique. Une subjectivité se donne à *entendre* dans la production réelle des sons, et non simplement de manière muette en tant qu'elle leur donne une forme dans l'acte de composer (*Du beau dans la musique*, 1854[1]).

En tant que composition, et donc pris à la lettre[2], l'art de l'expression musicale s'empêtre donc dans un paradoxe. Il ne faut pourtant pas s'en défaire sous prétexte qu'il y aurait là une contradiction morte, mais bien plutôt le comprendre comme un paradoxe vivant, qui stimule le développement historique. Si la musique aspire à devenir éloquente et expressive, comme la langue (et le principe d'expression est depuis le XVIIIe siècle l'agent de son histoire), il lui faut pour être comprise forger tout d'abord des *formules*. C'est dans l'opéra que s'est ainsi développé ce vocabulaire qui a aussi investi le champ de la musique instrumentale. Mais il appartient par ailleurs à l'*expressivité*, qui est un « épanchement du cœur » et une expression de l'intériorité propre, qu'on évite tout ce qui est habituel et semble aller de soi. C'est donc sous la domination du principe d'originalité que des traditionalistes, bien qu'ils aient pu avoir une valeur irremplaçable pour la culture musicale, sont tombés sous le coup du verdict selon lequel ils étaient de simples imitateurs, des épigones. Si le « parfait *Kapellmeister* » que décrivait Mattheson en 1739 était encore un « habile compositeur », l'expression « musique de Kapellmeister » devait devenir une insulte au XIXe siècle.

---

1. Eduard Hanslick, texte présent dès la première édition de *Vom Musikalisch-Schönen* (Breitkopf & Härtel, Wiesbaden, 21e éd., p. 100-101) et dès le noyau du texte publié sous le titre « Sur l'impression subjective de la musique et sur sa place dans l'esthétique » (*Österreichische Blätter für Literatur und Kunst* de la *Wiener Zeitung*, les 25/7/1853, 1/8/1853 et 18/8/1853, repris dans Sämtliche Schriften, I, 2, Wien, Böhlau, p. 236-237; voir, en français, introd. et trad. par Julien Labia dans Carole Maigné (dir.) *Le Formalisme esthétique, Prague et Vienne au XIXe siècle*, Paris Vrin, 2013, p. 177-213. Ces idées étaient donc essentielles pour Hanslick.
2. Ce que Dahlhaus tient pour acquis depuis le chapitre précédent.

L'expression est donc limitée par sa contradiction, la convention, de même que le particulier l'est par le général. En tant qu'elle est subjective, l'expression ne peut être réitérée ; mais elle est en même temps contrainte à se figer pour s'expliciter. Elle paye de son essence l'instant où elle se réalise en une existence saisissable. Mais c'est précisément par sa dialectique que le principe d'expression est devenu déterminant pour une conscience et un agir historiques dans lesquels les traits progressistes et les traits conservateurs se conditionnent réciproquement. Le paradoxe de l'art de l'expression nous contraint, d'une part, à produire du nouveau dans un changement toujours plus rapide ; mais il nous contraint aussi, d'autre part, à préserver les œuvres issues de stades antérieurs du développement musical, qui ne sont plus rejetées comme obsolètes et oubliées comme c'était le cas durant les siècles précédents. Le fait qu'une expression musicale employée une fois ne puisse être répétée motive la tendance au changement ; mais le fait que cette expression doive pourtant être répétée, pour ne pas rester incomprise, justifie la conservation du passé. Le progrès historique et la mémoire historique sont indissociables, comme les deux pans d'une même montagne.

chapitre 4
émancipation
de la musique instrumentale

> Puisque la musique instrumentale n'est rien d'autre qu'un langage
> musical, ou qu'un discours sonore, son propos essentiel doit toujours
> être de faire naître un certain mouvement de l'âme. Elle utilisera
> dans ce but le pouvoir des intervalles, un découpage intelligent des
> phrases, une progression mesurée, et d'autres éléments similaires
> (Mattheson).

Si le concept de langage musical est devenu un cliché, il dut plutôt
apparaître comme un paradoxe aux lecteurs du XVIIIᵉ siècle qui le
rencontrèrent dans *Der vollkommene Capellmeister* (1739, p. 82)
de Johann Mattheson[1], compositeur, essayiste musical et diplomate
hambourgeois. Car pendant le deuxième tiers du siècle des Lumières
et de la philosophie, avant les triomphes de l'orchestre de Mannheim
à Paris, cette musique qu'on nomma ensuite « absolue » pour
exprimer qu'elle était authentique, parvenue à sa pleine nature,
n'était pas encore considérée avec sérieux ; même les plus cultivés
de ses détracteurs n'y voyaient que des sonorités vides et sans vie.

1. Johann Mattheson [Hambourg, 1681-1764], théoricien, compositeur et mécène
allemand. Une grande partie de ses œuvres, qu'on tenait pour perdue à la suite de la
Seconde Guerre Mondiale, fut retrouvée en 1998 à Erevan.

Rousseau la qualifiait ouvertement de *fatras*[1], et le mot d'esprit perpétuellement ressassé « Sonate, que me veux-tu ? », attribué à Fontenelle[2], indiquait avec arrogance que ce qui n'était pas immédiatement accessible à un *honnête homme* ne valait pas la peine d'être compris. La musique instrumentale, à moins qu'un programme ne lui donne une signification accessible, passait pour n'avoir rien à dire, faute d'éloquence.

L'assertion de Mattheson qualifiant la musique instrumentale de *langage musical* ou de *discours sonore* était donc apologétique. L'absence de paroles demandait à être justifiée, bien que cent cinquante ans se soient écoulés depuis son émancipation du modèle vocal, et que sa signification ait été reconnue par Sethus Calvisius[3], cantor de Saint-Thomas à Leipzig, contemporain de Giovanni Gabrieli et des virginalistes anglais. Calvisius énonce dans sa *Melopoiia*[4] (1602, Caput 18) que même sans texte, la musique possède le pouvoir de mouvoir les passions. Car la musique instrumentale serait, tout comme la musique vocale, un mouvement sonore analogue aux impulsions émotionnelles, défini et régulé par des nombres et des proportions. (*Etsi autem Harmonia nuda, ut videre est, in instrumentis Musicis, scienter et perite ab artificibus tractatis, propter numerorum ac proportionum rationem, quibus sese humanis mentibus insinuat, plurinam in affectibus excitandis exercet potentiam...*[5]).

1. En français dans le texte.
2. Bernard Le Bouyer de Fontenelle [Rouen, 1657-Paris, 1757], homme de science, philosophe et écrivain français.
3. Sethus Calvisius [Gorsleben, 1556-Leipzig, 1615], compositeur et astronome.
4. Le titre complet de l'ouvrage de S. Calvisius est *Melopoeia, sive melodiae condendae ratio* ; cette formule est présente dès l'édition de 1592 (Erfurt, G. Baumann), chapitre 13. Il s'agit d'un traité allemand pionnier par sa volonté d'implanter en terres germaniques les idées du plus grand théoricien de la musique à la Renaissance, Zarlino.
5. « Et cependant la pure Harmonie, comme on peut l'observer, exerce toute sa puissance en excitant des émotions par les instruments de Musique avec lesquels elle s'insinue dans l'esprit des hommes, quand les artistes les manient avec science et adresse suivant le calcul des nombres et des proportions ». (Nous traduisons).

Selon Mattheson, la musique instrumentale ne se distingue pas de la musique vocale par son but (« un plaisir de l'oreille capable d'intensifier les passions de l'âme »), mais par ses seuls moyens, qui sont limités, si bien qu'elle semble être un art plus difficile, sinon « moins complet ». Si l'on doute, comme Heinrich Christoph Koch [1], de la possibilité de transformer pleinement une langue en sons, et de soumettre la musique au « principe du discours » sans y introduire une mixture de bruits insignifiants, on doit bien admettre que la musique instrumentale s'approche en effet de l'objectif de devenir un discours sonore, toutefois sans jamais l'atteindre complètement (*Versuch einer Anleitung zur Composition*, 1783-92, II, 30 [2]).

D'après Mattheson, qui l'écrit encore dans l'ingénuité du premier enthousiasme, le compositeur doit « savoir exprimer sans paroles et avec vérité toutes les inclinaisons du cœur, par des sons choisis simplement et habilement combinés, afin que l'auditeur puisse saisir entièrement et comprendre clairement l'impulsion, le sens, l'intention et l'expression, avec toutes ses articulations et sa continuité, comme s'il s'agissait d'un vrai langage. Alors c'est un plaisir ! Il faut rivaliser d'art et d'imagination pour atteindre ce résultat sans l'aide des paroles » (p. 208). Il fut admis qu'une pièce de musique produisait toujours le même effet et, lorsque cela n'était pas le cas, on recourait à la théorie des quatre Tempéraments pour expliquer ces exceptions à la règle : celui qui ne reconnaissait pas qu'une musique était joyeuse était un *mélancolique* ramenant tout ce qu'il entendait à son propre état, la morosité. La théorie des Affects et celle des Tempéraments se protégeaient ainsi réciproquement contre toute réfutation par l'expérience.

1. Heinrich Christoph Koch [Rudolstadt, 1749-1816], théoricien de la musique et lexicographe.
2. Heinrich Christoph Koch, *Essai de méthode de composition*, 1783, 1792 : facsimilé, Hildesheim, Georg Olms Verlag, 1969.

« Certains passages dans la musique étaient pour lui si clairs et émouvants que les sons lui faisaient l'effet de paroles », écrit Wackenroder[1] dans *La remarquable vie musicale du musicien Joseph Berglinger*[2], à propos de son héros, transporté par la musique dans un « beau vertige poétique », dans une extase qui devient sa vie réelle (les « joyeuses et ravissantes symphonies à grand orchestre »[3], que Berglinger « aimait particulièrement »[4] étaient probablement des œuvres de Haydn[5]). Mais la définition du « discours sonore » que Forkel[6] reprit à Mattheson en 1788, et Wackenroder à Forkel en 1797, n'était pas la seule manière de justifier la musique instrumentale et d'éviter sa condamnation comme *sonorité* creuse. L'abbé Dubos et Charles Batteux, représentants de l'esthétique de l'imitation au début et au milieu du XVIIIᵉ siècle, cherchèrent à ramener tous les arts à la seule et unique vérité de l'art compris comme *mimesis*, en considérant la musique vocale comme une imitation des intonations du langage, et la musique instrumentale comme une peinture sonore. Même Rousseau, qui méprisait la musique instrumentale, accepta cette définition dans son *Dictionnaire de musique* (1768, p. 225) : « le génie du musicien : il peint tous les tableaux par des sons ». La musique instrumentale

---

1. Wilhelm Heinrich Wackenroder [Berlin, 1773-1798], juriste et écrivain allemand, fut une figure fondatrice du romantisme allemand.
2. W. H. Wackenroder, *Merkwürdigen musikalischen Leben des Tonkünstlers Joseph Berglinger*, 1797 ; « *La remarquable vie musicale du musicien Joseph Berglinger* » dans *Épanchements d'un moine suivi de Fantaisies sur l'art*, trad. fr. par Charles Le Blanc et Olivier Schefer, Paris, José Corti, 2009, p. 249. Wackenroder est le seul auteur de fiction qui soit abordé dans ce chapitre.
3. *Ibid.*
4. *Ibid.*
5. E.T.A. Hoffmann emploiera en effet la même image pour parler de la musique de Haydn.
6. Johann Nikolaus Forkel [Meeder, 1749-Göttingen, 1818], organiste, historien de la musique, premier biographe de Bach, est considéré comme l'une des figures fondatrices de ce qui prendra ensuite le nom de « musicologie ».

était légitimée comme une sorte de musique-peinture : elle imitait quelque chose, quitte à le faire dans une forme naïve et banale. La musique instrumentale, qui ne peut être comprise ni comme un langage musical ni comme une peinture, qui ne « parle » ni ne « représente », ne serait qu'un « simple bruit » d'après Johann Adolf Scheibe[1] dans son *Critischer Musicus* (1745). Et Johann Joachim Quantz[2] remarque en 1752 dans son *Essai d'une méthode pour apprendre à jouer de la flûte traversière*[3] qu'« une vivacité continuelle ou une forte accumulation de difficultés étonnent certes, mais n'émeuvent pas particulièrement » : elles sont vides et « mécaniques », et non sensibles ou « poétiques », autant dire *vaines* selon les conceptions du XVIIIᵉ siècle, qui fut un siècle sentimental. Johann Adam Hiller[4] parle certes deux ans plus tard, dans le premier volume des *Historisch-kritischen Beyträgen zur Aufnahme der Musik* de Marpurg[5], des « merveilles » de la musique sans paroles, tant et si bien qu'il semble anticiper sur la « doctrine spirituelle de la musique instrumentale actuelle » de Wackenroder. Mais il veut pourtant dire la même chose que Quantz : « les sauts, les traits, les arpèges », l'art de virtuoses comme Tartini, s'ils soulèvent l'admiration et l'étonnement, laissent le cœur vide. Le « merveilleux » est le contraire du « naturel », du simple « langage des émotions » de la musique : il incarne le Baroque et ses exubérances, qu'on avait déjà abandonnées par le passé.

---

1. Johann Adolf Scheibe [Leipzig, 1708-Copenhague, 1776], compositeur, critique et théoricien de la musique, fut influencé dans sa pensée par sa rencontre avec Johann Christoph Gottsched.
2. Johann Joachim Quantz [Scheden, 1697-Potsdam, 1773], compositeur, flûtiste, enseigna cet instrument à Frédéric II de Prusse.
3. J.J. Quantz, *Versuch einer Anweisung, die* flute traversière *zu spielen*.
4. Johann Adam Hiller [Wendisch-Ossig, 1728-Leipzig, 1804], musicien, compositeur et écrivain, créateur du *Singspiel*, à ne pas confondre avec Ferdinand Hiller, ami de Franz Schubert.
5. Voir chapitre 3, p. 61.

Mais le « merveilleux » regagna vers 1780 une place d'honneur dans l'esthétique musicale. La théorie de la musique instrumentale s'ouvrit à la poétique de Klopstock [1], qui a été caractérisée, non sans raison, comme « néobaroque », en réaction contre le rationalisme de l'esthétique de l'imitation. C'est le *sens du sublime et du merveilleux* qui fait les vrais poètes et compositeurs, et non la simple raison et le naturel, qui risqueraient de nous condamner à la sécheresse et à la platitude. « La symphonie », écrit Johann Abraham Peter Schulz [2] dans l'*Allgemeine Theorie der schönen Künste* de Sulzer, « est particulièrement adaptée pour exprimer la grandeur, la solennité et le sublime » [3]. Que la symphonie plonge l'auditeur dans l'étonnement ou même le désarroi était un reproche trente ans auparavant. C'est à présent un objet de gloire. L'*Allegro* d'une symphonie serait comparable, en poésie, à une « ode de Pindare » : « L'âme de l'auditeur s'en trouve pareillement transportée et bouleversée ; il faut pour y accéder la même intelligence, une tout aussi noble imagination et une compétence esthétique identique ». L'artifice est révéré comme quelque chose de sublime. C.P.E. Bach est désigné dans l'*Allgemeine Musikalische Zeitung* [4] de 1801 comme un « autre Klopstock » qui « utilise les sons en guise de mots » : « Il a montré que la musique pure n'est pas une simple enveloppe appliquée à la poésie ou une émanation de celle-ci, mais […] qu'elle pouvait s'élever à la hauteur de cette même poésie, d'autant plus pure qu'elle serait alors moins rabaissée

1. Friedrich Gottlieb Klopstock [Quedlinbourg, 1724-Hambourg, 1803], célèbre poète allemand, fascina des générations de musiciens mais aussi des philosophes comme Wittgenstein. Il fut un précurseur du *Sturm und Drang* et célébra les débuts de la Révolution française.
2. Johann Abraham Peter Schulz [Lüneburg, 1747-Schwedt, 1800], compositeur allemand resté dans les mémoires allemandes pour certains chants de Noël.
3. Johann Georg Sulzer, *Allgemeine Theorie der schönen Künste*, Leipzig, Weidemann, 1771, 4. vol.
4. « Bemerkungen über die Ausbildung der Tonkunst in Deutschland im 18. Jahrhundert », attribué à Triest, court sur 11 numéros du périodique, vol. III, colonnes 300-1.

au niveau du sens commun par les mots, qui portent toujours avec eux des notions annexes » [1]. On découvre du « poétique » même dans la musique absolue, qui était considérée comme « mécanique » en 1750. Qui pourrait imaginer un plus grand retournement de situation ? Et cet enthousiasme est si fort et généreux qu'il s'étend à des compositeurs mineurs par rapport à Haydn, dont Wackenroder s'inspirait. Daniel Schubart loue en 1791 les symphonies de Cannabich [2] en des termes qui préfigurent les dithyrambes d'E.T.A. Hoffmann sur Beethoven : « ce n'est plus un vacarme de voix… c'est un tout musical, dont les parties, comme des émanations spirituelles, reconstituent l'ensemble ». Les enthousiastes perçoivent dans la musique instrumentale un « sanscrit ésotérique », un langage originel de la race humaine. Ce qui était une « stupéfaction » laissant le cœur vide, est devenu un étonnement métaphysique devant le « miracle de l'art des sons ».

« Vous qui méprisez la musique des sons eux-mêmes, vous qui ne pouvez rien en tirer sans l'aide des mots, ne l'approchez donc pas ! » Cette phrase issue du *Kalligone* de Herder (1800, vol. II, p. 169 [3]) répondra, plus d'un siècle après, à celle de Fontenelle, « Sonate, que me veux-tu ? ». Provoqué et entraîné à la polémique par *La Critique de la faculté de juger* de Kant, Herder estime qu'il faut être sourd ou insensible pour ne voir qu'un jeu vide dans la musique seule, détachée des mots et de la pantomime. C'est seulement dans une telle musique, et non dans celle qui reste attachée à un texte, que l'émotion atteint la « perception d'elle-même », comme Hegel le formulera vingt ans plus tard. Herder s'interroge : « Quelle était l'élément qui la distinguait de tout le

1. Nous traduisons.
2. Johann Christian Innocenz Bonaventura Cannabich [Mannheim, 1731, Francfort-sur-le-Main, 1778], compositeur appartenant à l'école de Mannheim.
3. J.G. Herder, *Kalligone*, « Von Kunst und Kunstrichterei », édition originale, Leipzig, Johann Friedrich Hartknech, 1800. Ce texte est dirigé contre la troisième critique de Kant. Nous en traduisons toutes les citations.

reste, d'un regard, d'une danse, d'un geste, et même des voix de l'accompagnement ? Le recueillement. C'est le recueillement qui élève les hommes et les assemblées humaines au-dessus des mots et des gestes, jusqu'à ce que qu'il ne reste plus rien de leurs émotions – que des sons » (vol. II, p. 171).

Ce que Herder nommait le « recueillement », à savoir la libération des sentiments hors des obligations du quotidien prosaïque, était appelé « état d'âme » par Hans Georg Nägeli [1] dans les *Vorlesungen über Musik* (1826 [2]). Transporter et élever vers un état d'âme qui dépasse les choses terrestres, c'est l'essence de la musique instrumentale. On se trouve à l'extrême opposé de la *peinture sonore* ou de la *description musicale des caractères*, et donc des méthodes de composition dans lesquelles l'Esthétique de la première moitié du XVIII e siècle trouvait la justification unique de sa critique de la musique sans paroles. « Le terme de "caractère", s'il a souvent été utilisé en relation avec l'art des sons – qui ici désigne toujours la musique instrumentale –, l'a toujours été de manière abusive » (Nägeli, p. 32). La musique ne représente ni n'imite. Elle est « un esprit qui joue, rien de plus. Elle n'a pas de contenu, quoi qu'on en dise, et quoi qu'on veuille lui attribuer. Elle n'a que des formes, des relations réglées de sons ou de séries de sons qui produisent une totalité » (p. 32). Le « jeu de formes » de Nägeli, bien que privé de forme et de contenu, n'est pas abstrait, mais constitue au contraire un *instrument* pour évoquer des sensations indéfinies et ineffables. L'âme « transportée par ce jeu de formes, plane dans l'incommensurable sphère des sentiments : suivant les mouvements de flux et de reflux, elle plonge avec le souffle sonore décroissant doucement dans les plus intimes profondeurs du cœur, puis,

1. Hans Georg Nägeli [Wetzikon, 1773-Zurich, 1836], musicologue, pédagogue et éditeur de musique suisse.
2. H.G. Nägeli, *Vorlesungen über Musik mit Berücksichtigung der Dilettanten*, édition originale, Stuttgart, Tübingen, Cotta, 1826. Nous en traduisons toutes les citations.

portée par la remontée progressive du flux sonore, reprend son élan vers la félicité suprême » (p. 33). La théorie du « jeu des formes » de Nägeli a été interprétée comme une anticipation de la thèse de Hanslick selon laquelle « les formes sonores en mouvement » sont le « contenu de la musique » [1]. Mais ce sont les dithyrambes de Herder ou de Wackenroder qu'elle rappelle, bien plus que les esthétiques musicales « spécifiques » désenchantées de ce qu'on appelle le « Formalisme » dans le langage des manuels. Quand Nägeli indique que la musique sans paroles est de la vraie musique, il le fait dans une parenthèse qui masque et rend insignifiante cette assertion cruciale : « en relation avec l'art des sons (qui désigne ici la musique instrumentale) ». Cette proposition de Nägeli était pourtant tout sauf évidente dans les années 1820. Pour ne pas renoncer à cette esthétique familière, on allait chercher des programmes ésotériques dans les symphonies de Beethoven, au lieu d'admettre leur statut de preuve de la transition vers l'hégémonie de la musique instrumentale (La *Symphonie pastorale* marque une fin plutôt qu'un début : elle a peu, voire rien en commun avec le poème symphonique du XIXe siècle). Quand le *Système de l'Esthétique* de l'hégélien Christian Hermann Weisse [2] (1830, vol. 2, p. 54) faisait l'éloge de la musique émancipée du texte comme « indépendante, accédant à sa propre existence et forme », l'auteur contredisait la *communis opinio* [3], bien qu'il ait exprimé en concept l'esprit de son temps (pour reprendre le mot de Hegel). Lorsqu'il soutint la primauté de la musique instrumentale, Hanslick lui-même fut contraint d'exposer sa thèse dans un registre polémique.

---

1. Le point commun des deux est en réalité leur source herbartienne (voir J. Labia « Eduard Hanslick », dans *Le Formalisme esthétique, op. cit.*, p. 180-181).
2. Christian Hermann Weisse [Leipzig, 1801-1866], philosophe et théologien protestant, auteur du *System der Ästhetik*, Leipzig, J.G. Findel, 1872 [1830].
3. « L'opinion commune ».

Les philosophes du XIXe siècle, profanes en musique, approchaient les gens de métier avec un sentiment qui était un mélange de timidité – devant ces connaissances difficiles à acquérir – et de suspicion envers ces musiciens peut-être bornés. Ils avaient souvent tendance à maintenir le primat de la musique vocale, malgré les tendances compositionnelles de leur temps. Ils se défiaient de la musique instrumentale, qu'elle soit ésotérique ou populaire : de l'ésotérique, parce qu'elle « ne touchait pas » selon Hegel « à l'intérêt artistique de l'humanité » qui était l'objet de la formulation philosophique ; de la populaire, parce qu'elle invitait à vagabonder dans des humeurs et des fantaisies qu'on tenait pour stupides et inconsistantes. Comme la censure morale, la censure esthétique jugeait suspect qu'on rêve tout éveillé. Et afin d'endiguer ces songes, on faisait l'éloge des frontières bien délimitées de la musique vocale :

> Car le texte donne d'emblée des représentations déterminées, et, par là-même, arrache la conscience à cet élément plus rêveur de la sensation exempt de représentations, en lequel nous nous laissons mener ici et là sans être dérangés, et gardons toute liberté de ressentir telle ou telle chose à partir d'une musique, de nous sentir émus par elle de telle ou telle façon (*Esthétique*, p. 306 dans l'édition de Friedrich Bassenge, II[1]).

D'après Hegel, il est dans la nature et dans l'instinct de l'âme de délaisser les choses vagues et confuses pour aspirer à celles qui sont claires et bien établies.

> De toute façon, dans un contenu et l'entrelacement subjectif avec celui-ci, nos sensations passent déjà par ailleurs de leur élément, savoir, l'intimité indéterminée, à une conception plus concrète

---

1. Hegel, *Cours d'esthétique*, troisième partie, « Le système des différents arts », troisième section, « les arts romantiques », Deuxième chapitre, « La Musique », 3, « Rapport des moyens d'expression musicaux à leur contenu, *a.*, « La Musique d'accompagnement », trad. fr. par J.-P. Lefebvre et V. von Schenk, Paris, Aubier, 1997, tome III, p. 178.

et à une représentation plus universelle de ce contenu (II, p. 269-270)[1].

Dans le système de Hegel, la pensée de la musique instrumentale comme imparfaite et nécessitant d'être complétée par des mots est peut-être un aspect partial de sa dialectique, selon lequel la musique perd en art ce qu'elle gagne comme musique, et perd en musique ce qu'elle gagne comme art. Chez Friedrich Theodor Vischer[2], le plus important esthéticien parmi les hégéliens, elle se cristallisa en un dogme autonome et à prendre comme tel : « La musique exclusivement instrumentale, au contraire, présente l'émotion dans sa pureté, c'est-à-dire, dans son inconscience ; c'est aussi la source du manque profond d'émotions qui la caractérise […] La profondeur des émotions ne saurait jamais s'épanouir sans être accompagnée par la conscience. C'est seulement lorsqu'elle est dirigée vers des objets précis que jaillit toute la richesse du monde des émotions » (*Ästhetik oder Wissenschaft des Schönen*, 2. Auflage 1923, V, p. 66-67[3]).

Selon Gervinus[4], qui pouvait s'appuyer sur l'expérience acquise par les drames musicaux de Wagner, le manque de détermination apparaît comme « une défaite » de la musique instrumentale

---

1. Hegel, *Cours d'esthétique*, troisième partie, « Le système des différents arts », troisième section, « les arts romantiques », Deuxième chapitre, « La Musique », 1, « Caractère général de la musique », a, Comparaison avec les arts plastiques et la poésie », trad. cit., p. 133.

2. Friedrich Theodor Vischer [Ludwigsburg, 1807-Gmunden, 1887], philosophe spécialiste d'Esthétique, historien de la littérature et écrivain allemand. La partie que sa vaste *Esthétique* consacra à la musique fut en réalité écrite par Karl Reinhold von Köstlin [Bad Uracht, 1819-Tübingen, 1894], spécialiste d'Esthétique, historien de la littérature et théologien.

3. Ou, dans l'édition originale chez Carl Mäcken, Stuttgart, 1857, *Esthétique* ou *science du Beau*, troisième partie, « Doctrine des arts », deuxième section, « Les Arts », quatrième fascicule, « La Musique », p. 830.

4. Georg Gottfried Gervinus [Darmstadt, 1805-Heidelberg, 1871], homme politique allemand et important historien de la littérature.

(*Händel und Shakespeare. Zur Ästhetik der Tonkunst*[1]). Faisant appel aux théories de l'imitation du XVIIIe siècle, Gervinus met en doute son droit à l'existence esthétique. Elle ne serait « rien d'autre qu'une imitation de la musique vocale » (p. 146), une abstraction, qui « ne peut présenter aucun contenu substantiel, ni le relief de la vie, mais seulement un schéma, un schème » (p. 150). Et comme pâle et creuse copie de la vraie musique, la musique vocale, se trouve prise dans un dilemme dès qu'elle prétend avoir un caractère artistique.

> Au sommet de son développement, l'art instrumental prit conscience du fait que sa particularité, à savoir manquer de contenu – car il n'imite pas et ne se réfère à aucun objet –, était un défaut ; mais ses efforts pour pallier ce manque donneraient envie de le désigner comme une contribution tragi-comique à l'histoire de la musique (p. 159-160)[2].

L'expérience de la musique à programme ne signifie rien d'autre que « la quête d'une langue, qui se montre incapable de dire ce qu'elle a à dire » (p. 164). À l'inverse, une musique instrumentale qui se suffirait à elle-même mériterait à peine le nom d'« art » au sens noble du terme. Et pour justifier sa dépréciation de la musique sans paroles, Gervinus ne craint pas de traiter de *philosophes* les dilettantes et d'*ignares* les musiciens de métier. Dans une antithèse trompeuse, il oppose le « contenu spirituel » qui manquerait à la musique purement instrumentale à la « mise en forme » ; à la « maîtrise du travail » le « sens esthétique raffiné », à l'« organisation technique » la « construction artistique » (p. 152) et aux « chefs-d'œuvre de l'art » les « prouesses techniques » (p. 158). Chez un historien du niveau de Gervinus, l'Esthétique dégénère en une apologie, celle d'un dilettantisme qui se sent d'autant plus sûr

---

1. G.G. Gervinus, *Händel und Shakespeare. Zur Ästhetik der Tonkunst*, Leipzig, W. Engelmann, 1868.
2. *Ibid.* Nous traduisons.

détenteur de l'esprit de l'art qu'il affiche le plus grand mépris de la technique et du vil artisanat. C'est ainsi qu'il faut comprendre l'écœurement de Schoenberg lorsqu'il parlait dans son *Traité d'Harmonie* de 1911 d'une « mauvaise esthétique », à laquelle il tentait d'opposer un « bon métier »[1].

1. Voir *supra*, chapitre 1, p. 29.

chapitre 5
jugement artistique
et jugement de goût

1.

> Pourtant, dans tous les beaux-arts, l'essentiel réside dans la forme,
> laquelle vis-à-vis de l'observation et du jugement d'appréciation,
> contient en elle une dimension de finalité, et où le plaisir est en
> même temps culture et dispose l'âme à des idées. [...] Après la poésie,
> je placerais, s'il s'agit de l'attrait et du mouvement de l'âme, [...] la
> musique. Car bien qu'elle ne parle que par pures sensations et sans
> concepts, et que par conséquent elle ne laisse pas derrière elle, comme
> le fait la poésie, quelque chose pour la réflexion, la musique émeut
> pourtant l'âme d'une manière plus diverse et, quoique ce soit
> simplement de façon passagère, sur un mode néanmoins plus intime ;
> mais il est vrai qu'elle est davantage jouissance que culture [1].

Dans la *Critique de la faculté de juger* (§ 52 et 53), la méfiance de
Kant vis-à-vis de la prétention de la musique à compter parmi les

---

1. Kant, *Critique de la Faculté de Juger*, § 52, Akademie Ausgabe V, Berlin, Georg Reiner,
1908 (abrégé *infra* AK) p. 325-326 pour le premier passage, puis § 53, AK V, p. 328,
trad. fr. par A. Philonenko, Paris, Vrin, 1968, p. 153 puis p. 155. Titre abrégé *infra* en *CFJ*.

beaux-arts porte avant tout sur la musique instrumentale. D'un côté, tout comme chez Rousseau – dont Kant reprend une partie de l'esthétique musicale –, elle est soupçonnée d'être un simple son vide, sans contenu. D'un autre côté, en tant qu'il s'efforce de produire des distinctions claires, Kant voit dans la musique instrumentale sans texte la musique authentique, pure de tout mélange, qui subsiste par elle-même. C'est précisément quand elle se réalise pleinement que la musique se révèle inférieure, devenant un simple divertissement qui « ne dispose pas l'âme à des idées ». À l'inverse, quand bien même elle perdrait son caractère propre en se liant avec un texte, elle quitterait ainsi la simple jouissance pour se hausser au niveau de la culture. Comme l'écrit Kant dans l'*Anthropologie d'un point de vue pragmatique*, la musique « n'est un des beaux-arts (et non pas simplement un art d'agrément) que parce qu'elle sert de véhicule à la poésie » (§ 68 [1]). L'une des motivations de la *Critique de la faculté de juger* est de distinguer ce qui est beau de ce qui est simplement agréable. Kant oppose ainsi la beauté au « charme » et aux « mouvements de l'âme » qu'il concède à la musique. Cette opposition tranchée ne devient compréhensible que si l'on reconnaît dans ses développements apparemment anhistoriques et coupés de l'expérience immédiate les traces de la polémique à travers laquelle un nouveau style cherche à s'établir sur le plan théorique. Comme Rosario Assunto [2] l'a remarqué, en séparant rigoureusement le beau de l'agréable, Kant légitime le Classicisme contre le Rococo et le sentimentalisme, dont les catégories caractéristiques sont le « charme » et « l'émotion ». Mais les déductions abstraites de Kant sont « idéologiques », sans qu'il en ait été conscient : ses affirmations normatives, censées

---

1. En réalité : Kant, *Anthropologie d'un point de vue pragmatique*, § 71, AK VII, p. 247.
2. Rosario Assunto [Caltanissetta, 1915- Rome, 1994], spécialiste italien de l'esthétique philosophique, auteur notamment de l'*Estetica di Kant* [1971] et de nombreux livres sur les relations entre la nature et l'art.

valoir en général et de manière inconditionnée, obéissent bien à une motivation historique.

Que la musique instrumentale soit un « simple art d'agrément » et « plus de la jouissance que de la culture » sous-entend qu'il lui manque « l'essentiel de tous les beaux-arts » : la forme – ou que celle-ci ne se manifeste que bien faiblement ou insuffisamment. Cette thèse est incompatible avec l'*opinio communis* scolaire selon laquelle Kant aurait fondé le « formalisme » en matière d'Esthétique musicale. Le concept de forme chez Kant est si différent de celui d'Eduard Hanslick qu'il serait trompeur de les nommer ensemble comme s'ils suivaient le fil d'une même pensée. De manière générale d'ailleurs, classer les systèmes, les essais et les aphorismes d'esthétique musicale en « tendances » est un procédé borné et antiphilosophique. Selon Kant, la musique est un « jeu de sensations » (§ 51), et dans le concept de « sensation » sont réunis la qualité sensible, le sentiment, « l'attrait » et « l'émotion ». Kant définit la beauté musicale comme la « forme dans le jeu de plusieurs sensations » et entend par « forme » la « forme mathématique » des rapports entre les sons : « C'est uniquement de cette forme mathématique, bien qu'elle ne soit pas représentée par des concepts déterminés, que dépend la satisfaction que la simple réflexion sur une telle masse de sensation parallèles ou successives associe au jeu de celles-ci comme une condition de sa beauté qui vaut pour chacun » (§ 53 [1]). Mais la « forme mathématique » sur laquelle peut se fonder la prétention de la musique à être un des beaux-arts et non un simple art d'agrément, est selon Kant un élément évanescent, s'évanouissant dans le sentiment qu'elle provoque. « Reste que les mathématiques n'ont assurément pas la moindre part à l'attrait et au mouvement de l'âme que produit la musique, mais elles en constituent seulement la condition indispensable »

---

1. Kant, *CFJ*, § 53, AK V, p. 329 ; trad. cit., p. 156.

(§ 53[1]). La beauté musicale, la forme, reste latente et la musique telle qu'elle se manifeste reste une simple jouissance, tant qu'elle n'est pas subordonnée à la poésie. L'esthétique musicale de Kant, qu'on peut appeler dialectique, rappelle Hutcheson (*Inquiry into the original of our ideas of beauty and virtue*, 1736, traduit en allemand en 1762) qui définit lui aussi la beauté musicale de manière formelle, comme harmonie des représentations sonores, et distingue précisément le sentiment que provoque la musique (car il ne le nie pas, mais au contraire le souligne) du jugement esthétique[2]. Il y a un gouffre entre le caractère artistique lié à la forme et la puissance affective de la musique. Durant ce siècle aussi sentimental que rationnel, cette puissance a été ressentie avec bien plus d'insistance que par la suite.

Pour Kant, la seule forme de musique possible est l'élément mathématique, qui disparaît dans l'effet de la musique. Il s'agit bel et bien là d'une restriction violente. Elle se fait sur la base de présupposés qui ne sont pas importés de l'extérieur dans le système kantien mais qui sont bien contenus en lui. L'esthétique musicale kantienne s'expose à une critique immanente, qui concerne son concept de temps. Dans la *Critique de la raison pure*, dans le chapitre sur l'Esthétique transcendantale, le temps a été défini comme une forme pure de l'intuition, comme la *condition générale* de la représentation d'un objet. Il n'aurait pas été impossible – on n'en était pas loin – de développer à partir de ce concept de temps une esthétique musicale qui rende justice à l'intention kantienne de distinguer clairement le beau de ce qui est simplement agréable.

---

1. Kant, *CFJ*, § 53, AK V, p. 330 ; trad. cit., p. 156.
2. Francis Hutcheson parle d'« un autre charme encore, distinct de l'harmonie, et qui est occasionné par les passions agréables qu'elle suscite » présenté par la musique (*Recherche sur l'origine de nos idées de la beauté et de la vertu en deux traités* [1725-1738], trad. fr. par Anne-Dominique Balmès, Paris, Vrin, 1991 ; éd. de poche 2015, section VI, chapitre XII, trad. fr. p. 105). L'harmonie est définie par lui comme une uniformité dans la variété (*ibid.*, section II, chapitre XIII).

Il dépend de l'avis de chacun de savoir si les impressions sonores
– celles des timbres instrumentaux et des accords isolés, ceux qui
ne se rapportent pas les uns aux autres – sont ressenties comme
agréables ou désagréables, et si quelqu'un s'est trouvé ravi par un
fait musical quelconque, il serait vain d'y forcer quelqu'un d'autre
qui le trouve pénible. Au contraire, le rapport proportionné entre
des sensations sonores simples et complexes dans le temps est
l'objet d'un jugement universellement valable et n'ayant besoin
d'aucun concept : il remplit donc les conditions fixées par Kant
pour le jugement esthétique concernant ce qui est beau ou laid.
Si la « forme mathématique » des intervalles est latente, celle des
rythmes se manifeste bien [1]. L'esthétique musicale de Kant souffre
de sa conception trop étroite de la fonction du temps dans la
musique : il conçoit cet art comme simplement « transitoire »,
comme en constante disparition, au lieu de reconnaître que, dans
le temps, les événements peuvent eux aussi se fixer dans des formes.

2.

> Mais quand l'objet est donné comme un produit de l'art et doit être
> déclaré beau comme tel, il faut [...] qu'un concept de ce que la
> chose doit être soit d'abord mis au principe du jugement ; et puisque
> ce qui constitue la perfection d'une chose, c'est la manière dont le
> divers présent en elle s'accorde avec une destination interne de celle-ci
> en tant que fin, il faut, dans le jugement sur la beauté artistique,
> prendre en compte en même temps la perfection de la chose – ce
> dont il n'est pas du tout question dans le jugement sur une beauté
> naturelle (comme telle). [...] Et le jugement téléologique constitue
> ainsi pour le jugement esthétique un soubassement et une condition [2].

La thèse du paragraphe 48 selon laquelle un jugement artistique
présuppose un concept de ce que la chose doit être semble contredire

---

1. Voir *infra*, chapitre 13, p. 161.
2. Kant, *CFJ*, § 48, AK V, p. 311-312 ; trad. cit., p. 141-142.

abruptement celle du paragraphe 15, qui démontre l'absence de concept dans le jugement de goût. Le premier passage réfute l'affirmation de l'autre, à partir du moment où l'on considère que jugement artistique et jugement de goût sont une seule et même chose.

Le paragraphe 15, l'un des passages essentiels de la *Critique de la faculté de juger*, est dirigé contre Alexander Baumgarten, qui, dans son *Aesthetica* de 1750, avait défini le beau comme la *perfectio cognitionis sensitivae*, soit la perfection de la connaissance sensible. La polémique s'arrête à une critique immanente : Kant partage le présupposé de Baumgarten selon lequel le beau doit être jugé non d'après des concepts mais exclusivement à partir de perceptions – c'est-à-dire « esthétiquement », au sens original du terme. Et la contradiction de la définition de Baumgarten se fonde sur l'argument selon lequel la perfection doit nécessairement être rapportée à une fin lui servant de mesure, c'est-à-dire à un concept de ce que la chose doit être. Par conséquent, la définition du beau comme *perfectio cognitionis sensitivae* est en soi contradictoire. Affirmer qu'une chose dont on ne connaît pas la fonction remplit parfaitement sa fin serait paradoxal. « Il faudra, pour se représenter une finalité objective à propos d'une chose, que l'on ait d'abord le concept de ce que cela doit être comme genre de chose ; et l'accord du divers appartenant à la chose avec ce concept […] correspond à la perfection qualitative d'une chose » (§ 15) [1].

La contradiction apparente entre les paragraphes 15 et 48 ne peut être résolue si l'on ne distingue pas strictement jugement artistique et jugement de goût. Le premier porte sur la perfection ou l'imperfection de la forme ou de la composition technique d'une forme, quand le second désigne un objet comme beau ou laid. Juger qu'une suite de sons est le thème d'une fugue ou qu'un

---

1. Kant, *CFJ*, § 15, AK V, p. 227 ; trad. cit., p. 69.

mouvement de sonate est « parfait », cela n'implique pas qu'ils appartiennent aux mélodies méritant l'épithète « beau » ou les interjections qui y sont associées, les « *Ah* ou *Oh* de l'âme »[1]. Au contraire, on peut ressentir une mélodie et la juger belle sans que l'auditeur l'appréciant et exprimant le plaisir qu'il y prend ne se fasse un concept de la fonction formelle qu'elle remplit, de son aptitude à accomplir la fonction de thème : tout « bon » thème n'est pas nécessairement une « belle » mélodie, et réciproquement[2]. Selon Kant, les œuvres d'un « bel art » (d'un art qui est beau, et d'une beauté qui est artistique) sont soumises à une double juridiction : celle du jugement de goût et celle du jugement artistique. « Le jugement téléologique [sur la perfection] constitue un soubassement et une condition pour le jugement esthétique [sur la beauté] » (§ 48)[3]. Mais le jugement artistique n'est jamais que toléré, comme une condition devant s'effacer devant le but et le résultat, comme un mal nécessaire, un « moment dépassé » comme dirait Hegel. « En ce sens, dans le produit des beaux-arts, la finalité, bien qu'elle soit assurément intentionnelle, ne doit pourtant pas paraître intentionnelle ; je veux dire que chacun des beaux-arts doit apparaître comme nature, bien que l'on ait conscience qu'il s'agit bien d'art » (§ 45)[4]. Il faut cacher dans l'œuvre la technique de composition, les traces de travail, afin que l'art paraisse une chose de la nature et non quelque chose de *produit*. C'est une opinion que Wagner fit sienne, lui chez qui la volonté de dissimuler sa technique de composition était à la hauteur de la conscience qu'il en avait. Le concept de « ce qu'une chose doit être », de la fonction qu'elle remplit, doit se dissoudre

---

1. C. Dahlhaus fait référence à Hegel, *Cours d'esthétique*, trad. cit., tome III, p. 137.
2. Voir *infra*, chapitre 12, p. 149.
3. Kant, *CFJ*, § 48, AK V, p. 311-312 ; trad. cit., p. 142. Les passages entre crochets sont des ajouts de Dahlhaus.
4. Kant, *CFJ*, § 45, AK V, p. 306 ; trad. cit., p. 138.

dans la pure intuition[1]. Ce qui est intentionnel doit produire l'effet de quelque chose d'involontaire. La beauté reste inséparable d'une feinte naturalité.

Ce serait se méprendre que de concevoir l'esthétique de Kant comme une théorie de l'art, car le phénomène dans lequel la *Critique de la faculté de juger* trouve son origine, c'est la beauté de la nature et non pas la beauté artistique. L'application aux œuvres d'art des catégories développées à partir du beau naturel ne se fait pas sans difficultés. L'écoute d'une fugue « sans concepts » est déficiente et le jugement de goût selon lequel le morceau de musique est « beau » ne saurait compenser ce manque de manière satisfaisante. Et la thèse selon laquelle on doit regarder une œuvre comme naturelle, bien que nous sachions qu'elle est de l'art, est un paradoxe : il n'exprime pas une difficulté que Kant résoudrait, mais celle dans laquelle il est plongé. C'est en revanche l'inclination à chercher la beauté d'abord dans la nature et non dans l'art qui a empêché Kant, en successeur de Rousseau, de soumettre totalement l'art à la dictature du jugement de goût et donc à la dictature du dilettantisme, fût-ce celui d'un individu éduqué. Fermement attaché aux distinctions conceptuelles, Kant s'est tenu à l'écart de la tendance à *diluer* la théorie de l'art dans cette philosophie du beau qui s'est imposée progressivement à la fin du XVIIIᵉ siècle et a dominé le XIXᵉ siècle. Son esthétique porte encore des traces de la conception aristotélicienne concrète de l'art comme un « faire » (*facere*), comme la production d'œuvres (§ 43[2]). Peu importe qu'il ait été prisonnier des préjugés esthétiques du siècle des Lumières, peu importe qu'il ait polémiqué contre l'art ésotérique du Maniérisme[3] pour des raisons philanthropiques,

---

1. Voir *infra* le retour de cette thématique au chapitre 14 autour du postkantisme de Herder.
2. Kant, *CFJ*, § 43, AK V, p. 304 ; trad. cit., p. 134-135.
3. Sur cette notion, voir *infra*, chapitre 14, p. 185.

qu'il ait ignoré d'un revers de main dédaigneux et rejeté comme purement « mécaniques » les œuvres qui contredisaient son concept de beauté empreint de classicisme (ce jugement aurait d'ailleurs certainement atteint les fugues de Bach s'il les avait connues) ; peu importe tout cela, puisqu'il fait cette concession décisive : l'art n'a pas besoin d'être beau pour être de l'art [1]. Qui identifie le jugement de goût et le jugement artistique ne saurait donc se réclamer de Kant.

3.

> Car dans la mesure où le beau ne doit pas être jugé d'après des concepts, mais d'après la disposition finale de l'imagination à s'accorder avec le pouvoir des concepts en général, ce n'est ni une règle ni un précepte qui peuvent servir de mesure subjective à cette finalité esthétique, mais inconditionnée, intervenant dans les beaux-arts, tels qu'ils doivent avoir pour légitime prétention de plaire à tous, mais c'est uniquement ce qui, dans le sujet, n'est que nature et ne peut être saisi sous des règles ou des concepts, à savoir le substrat suprasensible de tous ses pouvoirs (que n'atteint nul concept de l'entendement) […] [2].

Kant récapitule sa critique du goût dans cette phrase labyrinthique (§ 57, *Remarque II* [3]). Son but est d'échapper à la malencontreuse alternative entre le *dogmatisme* fixant les normes du beau et le *relativisme* qui se satisfait de la formule selon laquelle on ne peut discuter du goût. (Pour peu qu'on y voie la traduction de « *disputare* », le terme « discuter » peut causer un malentendu et transformer une phrase bien pensée en phrase aberrante. Car le concept scolastique de la *disputatio*, auquel Kant reste encore

---

1. Cette thématique se retrouve autour de la question des critères du jugement critique dans le dernier chapitre de l'ouvrage.
2. Kant, *CFJ*, § 57, Remarque I, AK V, p. 344 ; trad. cit., p. 167-168.
3. En réalité, § 57, Remarque I, *cf.* note précédente.

attaché, renvoie à une confrontation de thèses s'en tenant aux mêmes présupposés et utilisant les mêmes concepts fondamentaux, si bien que par principe, il est possible de trancher fermement entre elles par des arguments. La proposition « *De gustibus non est disputandum* »[1] ne signifie pas qu'il est impossible de discuter, mais que cette discussion ne saurait être tranchée par un critère rationnel ferme.)

La « disposition finale de l'imagination à s'accorder avec le pouvoir des concepts en général » n'est rien d'autre que la « finalité sans fin » si souvent citée, mais rarement commentée, dont Kant fait l'une des conditions que doit respecter un jugement de goût « subjectivement universel » (c'est-à-dire valable pour tout sujet). L'argumentation de Kant, qu'il faut suivre attentivement si l'on veut éviter qu'elle reste une formule vide, est aussi contraignante que simple. Dans la mesure où des connaissances fondées sur des concepts sont valables universellement, leurs conditions (sans lesquelles elles ne seraient pas possibles) doivent aussi être universellement valables. Or on trouve parmi ces conditions l'« accord final » entre les sens et l'imagination. On peut dire en effet qu'une suite de sons est une forme d'ensemble qui rend justice au concept de *thème de fugue* seulement s'il a été perçu auparavant par les « facultés inférieures de connaître » comme une forme mélodique plastique bien délimitée et non comme un amas de sons confus. Mais l'« accord final » peut bien être détaché de sa finalité, la connaissance par concept. Il est alors « sans concepts » et dès lors « universellement valable ». C'est l'issue recherchée entre la Scylla du *dogmatisme*, qui juge d'après des concepts rigides, et la Charybde du *relativisme*, qui abandonne la validité universelle du jugement de goût. La beauté se prête selon Kant à une perception dans laquelle les sens et l'imagination

---

1. « Il ne faut pas discuter des goûts ».

fonctionnent en vue d'une fin (celle de la connaissance) mais sans l'atteindre (sans former un concept). « Si des connaissances doivent pouvoir être communiquées, il faut aussi que l'état d'esprit puisse être universellement communiqué, c'est-à-dire l'accord des facultés cognitives en vue d'une connaissance en général, et plus précisément cette proportion qui convient à une représentation (par laquelle un objet nous est donné) pour en faire une connaissance : car, sans cet accord en tant que condition subjective du fait de connaître, la connaissance ne saurait en résulter comme effet » (§ 21 [1]).

« Ce qui, dans le sujet, n'est que nature et ne peut être saisi sous des règles ou des concepts » est défini d'autre part d'une manière apparemment paradoxale, comme « le substrat suprasensible » [2] : le substrat des pouvoirs du sujet, donc des sens, de l'imagination et de l'entendement. Il est alors question du génie, et même, d'après la distinction de Diderot, de *celui que l'on « a »* et non de *celui que l'on « est »*. Kant décrète que le génie n'est soumis à aucune « règle ni précepte » : il est « simple nature » et, au lieu de devoir s'adapter à une mesure étalon, il sert plutôt à l'art – pour autant qu'il s'agisse d'un des beaux-arts – de « mesure subjective [placée dans le sujet] ». « Le génie est le talent (don naturel) qui donne ses règles à l'art » (§ 46 [3]), c'est-à-dire les règles du beau, et non pas celle du travail manuel, du faire et du produire. Le génie doit la partie mécanique de l'art à « l'école », que Kant est loin de dénigrer (§ 47). Assimiler son concept du génie à celui du *Sturm und Drang* serait donc une grande méprise.

La représentation selon laquelle il doit exister une *règle* du beau procédant du sujet peut nous déconcerter à première vue. Mais elle perd son caractère superflu ou même contradictoire si l'on

1. Kant, *CFJ*, § 21, AK V, p. 238 ; trad. cit., p. 78.
2. Kant, *CFJ*, § 57, Remarque I, AK V, p. 344 ; trad. cit., p. 167-168, pour cette citation et la précédente.
3. Kant, *CFJ*, § 46, AK V, p. 307 ; trad. cit., p. 138.

reconnaît et si l'on admet que la collaboration entre ces facultés de connaître dans lesquelles la beauté se constitue nécessite un « rapport proportionné », un « accord » qui définit l'état de génialité. Celui-ci est transféré du génie à l'auditeur ou au spectateur grâce à l'œuvre d'art. La règle que le génie donne à l'art n'est jamais que le principe de régulation des facultés de connaître.

Leur accord est soit travail, soit *jeu*. La connaissance résulte d'un travail orienté vers un but : la détermination d'un objet par des concepts. L'impression de beauté résulte du simple jeu, d'un aller-retour entre les facultés. Bien que leur *accord* soit un fait indéniable – c'est même le centre autour duquel gravite la pensée de Kant dans la *Critique de la faculté de juger* –, il n'en demeure pas moins impénétrable pour la connaissance. Le « substrat » dans lequel s'enracinent ensemble les sens, l'imagination et l'entendement (on doit présupposer qu'il existe, sans quoi la possibilité de la connaissance serait incompréhensible) est « suprasensible » et échappe à notre entendement. Cet accord est donné par la grâce de la nature, cette nature à l'œuvre dans le génie et à travers laquelle il produit ces œuvres d'art dont la contemplation met les facultés dans un rapport proportionné et équilibré. Chez Kant aussi l'art est un *organon* de la philosophie, même si c'est en un sens différent de celui de Schelling : c'est un moyen d'avancer à tâtons dans l'obscurité où la sensibilité, l'imagination et l'entendement convergent pour former la connaissance.

chapitre 6
génie, enthousiasme, technique

> Ah! Fallait-il que ce soit sa sublime imagination qui l'ait anéanti?
> – Dois-je dire qu'il était peut-être fait pour jouir de l'art plutôt que
> pour l'exercer? – Ces artistes sont-ils donc plus heureusement formés,
> eux en qui l'art travaille silencieusement et secrètement, comme un
> génie voilé, sans les troubler dans leur conduite terrestre? Et celui
> qui est en permanence dans un état d'enthousiasme doit-il imprimer
> avec force et audace ses visions sublimes à la vie d'ici-bas, s'il désire
> vraiment être un artiste? – Peut-être que cette insaisissable capacité
> de création n'est pas – comme il me semble à présent – plus
> miraculeuse et plus divine que la puissance même de l'imagination? [1].

C'est un regard rétrospectif sur une vie malheureuse qui inspire
la réflexion par laquelle Wilhelm Heinrich Wackenroder – sous
le masque d'un « moine ami des arts » – clôt sa notice sur *La
Remarquable vie musicale du musicien Joseph Berglinger*. Berglinger
fut la victime d'un enthousiasme auto-dévorant.

---

1. W. H. Wackenroder, « *La remarquable vie musicale du musicien Joseph Berglinger* » dans
Épanchements d'un moine suivi de *Fantaisies sur l'art*, trad. fr. citée et légèrement modifiée,
p. 138.

Le *furor poeticus*[1], ou, pour parler comme Wackenroder, « la belle ivresse poétique », fut traité avec ironie dans l'*Ion* de Platon, source pourtant de toutes les louanges futures. Socrate démontre au rhapsode éponyme que ce qu'il fait ne peut être élevé au rang d'art, car il y faudrait des compétences comparables à celles du médecin ou de l'architecte. Il s'agit plutôt d'une forme d'expression insufflée par une puissance étrangère, échappant à la conscience de soi du rhapsode. Dans l'état d'enthousiasme, il reste hors de lui-même et devient le porte-voix, l'outil aveugle de la divinité qui parle à travers lui.

À la Renaissance, des humanistes comme Giovanni Spataro et Pietro Aron, théoriciens de la musique, ont manqué cette ironie platonicienne, sans qu'on sache s'ils l'ont fait intentionnellement ou non. Inspirés par la philologie, ils se sont sentis eux-mêmes poètes ou compositeurs. Et les « *heureux délires* »[2] étaient célébrés avec d'autant moins de réserves et de risques que la puissance qu'invoquait le poète n'était plus qu'un dieu mort, un dieu auquel on ne croyait plus, affadi et affaibli jusqu'à l'allégorie : la « folie » qu'il inspirait était une *figure de style* plus qu'une réalité psychique. En revanche, la génération du XVIIIᵉ siècle tardif qui vénérait en Klopstock le prototype du génie original, cette génération qui avait fait elle-même l'expérience de l'enthousiasme (bien qu'il fût teinté de sentimentalisme), fut pour cette raison même encline à un certain scepticisme. Karl Philipp Moritz, Jean Paul et Wackenroder sont convaincus que le contenu né dans l'éclat du ravissement doit être sauvé par une certaine lucidité s'il veut prendre une forme fixe et durable. Le génie, s'il se contente de « s'enivrer du vin spirituel »[3] et ne fait « qu'errer dans les labyrinthes

---

1. « Fureur poétique ».
2. En français dans le texte.
3. W. H. Wackenroder, « *La remarquable vie musicale du musicien Joseph Berglinger* », *op. cit.*, p. 124.

crépusculaires de la sensibilité poétique »[1], reste stérile et n'est qu'un dilettante exalté.

Le Joseph Berglinger de Wackenroder, s'il choisit de se couper du monde, souffre pourtant beaucoup de sa solitude. Il se sent oppressé et rejeté par le raisonnement des « donneurs de leçons » qui ne peuvent s'approprier une chose qu'en en parlant, tout autant que par la misère provinciale du monde dont il est issu. Il a dépassé le piétisme de son père mais recule d'effroi devant le rationalisme de ce monde, qui lui paraissait grand tant qu'il ne le connaissait pas. Les « personnes cultivées, au goût si raffiné »[2] de sa capitale de province lui sont aussi étrangères – en lecteur de Rousseau il voudrait bien « se retirer auprès d'un simple pâtre suisse dans la montagne »[3] – que les âmes simples, empêtrées dans leur quotidien prosaïque et « qui trouvent dans les manifestations communes de la bonté du cœur un abîme si inépuisable de magnificence qu'elles en font leur paradis sur terre »[4]. S'il se révèle à lui-même, s'il lui semble entendre sa propre intériorité, c'est grâce à la musique. Elle lui sert de moyen pour fuir les hommes, bien qu'elle doive par ailleurs le ramener à eux. En tant que compositeur, Berglinger cherche un « autre homme auquel le ciel aura accordé une sympathie pour mon âme et [qui] pourra ressentir, en écoutant mes mélodies, ce que j'ai éprouvé moi-même en les composant et ce que je voulais y mettre »[5]. Il voit pourtant clair en lui-même : « c'est là une belle idée, qui procure pour quelque temps une aimable illusion »[6].

---

1. *Ibid.*, p. 123.
2. *Ibid.*, p. 135.
3. *Ibid.*, p. 135.
4. *Ibid.*, p. 122.
5. *Ibid.*, p. 133.
6. *Ibid.*, p. 133-134.

L'épanchement du cœur de Berglinger quand il se confie à son compagnon de couvent exprime de l'amertume, contre le monde mais aussi contre la connaissance de soi. La pitié envers soi-même, le sentiment de ne pas être compris parce que le public est obtus et sans sympathie, se transforment en doute envers ses propres œuvres, en « l'humeur maussade et l'amère pensée que, malgré toute la profondeur de son sentiment, et son sens artistique intime, il n'était d'aucune utilité pour le monde et avait pour lui encore moins de valeur qu'un artisan quelconque »[1]. Le « sentiment profond » qu'on « met » dans une œuvre où il repose enclos et inconnu révèle plutôt le dilettante que l'artiste. « Dois-je dire », se demande le moine, « que Berglinger était peut-être fait pour jouir de l'art plutôt que pour l'exercer ? »[2]. À l'opposé du dilettante se trouve le cuistre qui connaît son métier mais n'éprouve aucun sentiment, et qui est tout autant dans son droit que l'est face à lui le dilettante que la froideur du monde répugne. Le savoir-faire parfait, selon la préface de Jean-Philippe Rameau à son *Traité de l'harmonie*, sert à « mettre en œuvre » le génie et le goût (qui sans lui seraient des talents inutiles) : dans une œuvre, c'est lui qui leur confère une réalité esthétique. (*D'ailleurs cette parfaite connaissance sert à faire mettre en œuvre le génie et le goût, qui sans elle deviendraient souvent des talents inutiles*[3]).

Berglinger maîtrise la technique de composition : c'est un artiste, même s'il est de ceux qui se sentent dilettantes. Et c'est ce

---

1.. W. H. Wackenroder, « *La remarquable vie musicale du musicien Joseph Berglinger* », *op. cit.*, p. 136.
2. *Ibid.*, p. 138.
3. En français dans le texte. Jean-Philippe Rameau, *Traité de l'harmonie réduite à ses principes naturels*, Paris, Ballard, 1722, (avant-dernière page de la préface, non paginée). Au lieu de « *Vollkommenes Kennen* », Dahlhaus traduit à tort la « connaissance parfaite » par « *Vollkommenes Können* », ce qu'on a rendu par « savoir-faire parfait ». En revanche, Rameau oppose dans ce passage le simple métier à la connaissance raisonnée des principes de la composition.

tiraillement qui le fait sombrer. Comme il l'exprime clairement dans les « Fantaisies sur l'art musical » (Wackenroder les lui attribue comme des esquisses datant de ses années d'apprentissage), il sait que ce ne sont pas la fantaisie vagabonde et les violents mouvements de l'âme qui importent, mais la technique, le « mécanisme [1] » comme il le dit avec un peu d'exagération. Suivant la théorie de Johann Nikolaus Forkel formulée en 1788, le système des sons devenait toujours plus riche et différencié, tout comme l'âme humaine dont il était le signe et l'image. Il était donc déjà en lui-même éloquent et expressif, « sans qu'on y insère du sentiment ». Ce qui est employé de manière mécanique apparaît, pour le dire exactement, comme une « langue du sentiment ». « Il s'ensuit » pour reprendre l'essai de Wackenroder-Berglinger intitulé *L'essence caractéristique et intime de la musique et la doctrine de l'âme de la musique instrumentale actuelle*, « que maintes pièces musicales dont les sons ont été simplement réglés par leurs auteurs comme les nombres d'une addition, ou encore comme les tesselles d'un tableau en mosaïque, de manière régulière quoique sensée, en une heure heureuse, lorsqu'on les exécute sur des instruments, font entendre une poésie magnifique et pleine de sentiment. Toutefois, leur maître n'a guère pensé que dans son savant travail, un génie enfermé par enchantement dans l'univers des sons déploierait si magnifiquement ses ailes pour des intelligences initiées » [2]. Le savoir-faire du compositeur et le hasard heureux du moment, la *technè* et le *kairos*, produisent l'œuvre qui apparaîtra ensuite à l'auditeur sensible comme l'expression d'un sentiment, un « condensé de sentiments qui, dans la vie réelle, s'égarent au hasard » [3].

---

1. W.H. Wackenroder, *Fantaisies sur l'art pour les amis des arts*, deuxième partie, chapitre V, *op. cit.*, p. 226.
2. *Ibid.*, p. 227.
3. *Ibid.*, p. 230.

Berglinger trouve démoniaque que la simple mécanique suffise parfois à toucher le cœur, comme s'il pressentait ainsi les *Contes d'Hoffmann*. Il voit avec lucidité que la musique est « réglée comme les nombres d'une addition [1] », « comme un mécanisme [2] », et succombe pourtant à son effet. Ce qui est « poétique », c'est la « belle ivresse [3] » dans laquelle il tombe en tant qu'auditeur et non l'œuvre elle-même. Et la musique lui apparaît alors comme une « force étrangère » [4] d'une « innocence profanatrice [5] » et d'une « obscurité terrible et ambiguë comme un oracle [6] ». L'éclat qui l'entourait dans les fantaisies du jeune Berglinger se transforme alors en aube blafarde.

L'enthousiasme, la « folie du poète » qui saisit Berglinger lors de la composition de ses dernières œuvres, est aussi – en ces temps chrétiens – plus démoniaque que divine. Berglinger écrit son *opus ultimum*, une *Passion* « dans une merveilleuse extase mais toujours en proie à de violents mouvements de l'âme » [7]. Si l'enthousiasme consiste bien à être-hors-de-soi, les mouvements de l'âme traversent pourtant l'intimité, et Wackenroder oppose assez visiblement les deux éléments, comme s'ils se contredisaient, comme si ce qui faisait sombrer Berglinger était le déchirement entre l'enthousiasme et le sentiment, entre la soumission à une « force étrangère » [8] et l'enfermement en soi d'un individu sensible « chérissant son intériorité par-dessus tout » [9].

---

1. W.H. Wackenroder, *Fantaisies sur l'art pour les amis des arts*, deuxième partie, chapitre V, *op. cit.*, p. 227.
2. *Ibid.*, p. 226.
3. *Ibid.*, p. 124.
4. *Ibid.*, p. 130.
5. *Ibid.*, p. 234.
6. *Ibid.*, p. 234.
7. *Ibid.*, p. 137.
8. *Ibid.*, p. 130.
9. *Ibid.*, p. 123.

chapitre 7
affect et idée

Comme la musique ne présente pas, comme tous les autres arts, les Idées ou les degrés de l'objectivation de la volonté, mais, de manière immédiate, la VOLONTÉ ELLE-MÊME, on s'explique de ce fait qu'elle exerce un effet immédiat sur la volonté, c'est-à-dire sur les sentiments, les passions et les affects de l'auditeur, avec pour résultat de les intensifier rapidement, voire de les transformer. [...] Considérons à présent la musique instrumentale pure. Une symphonie de Beethoven nous montre la plus grande confusion, qui n'en est pas moins fondée sur l'ordre le plus parfait, elle nous dévoile le conflit le plus vif qui devient, l'instant d'après, la plus belle des harmonies. [...] Or à travers cette symphonie s'expriment également toutes les passions et les affects humains – la joie, la tristesse, l'amour, la haine, l'effroi, l'espoir, etc. –, selon d'infinies nuances, mais ils ne le font pour ainsi dire qu'*in abstracto*, sans aucune spécification : c'est qu'il s'agit de sa forme pure, sans la matière, comme un pur monde des esprits sans substance. (Schopenhauer, *Le Monde comme volonté et comme représentation*, tome II, chapitre 39[1]).

---

1. Voir pour ces extraits Arthur Schopenhauer, *Le Monde comme volonté et comme représentation*, trad. cit., p. 1855-1856 et 1859. Dahlhaus semble trouver cette seconde exposition plus claire que la première (tome I, § 52).

La métaphysique de la musique de Schopenhauer, bien qu'elle soit formulée avec la plus grande clarté, oppose une résistance inattendue à la compréhension de celui qui cherche à mesurer la vérité de ses thèses. L'affirmation selon laquelle la musique représente les émotions « *in abstracto* » et cependant « selon d'infinies nuances » semble en soi discordante. Une joie ou une tristesse nuancées ont une empreinte, un contour individuel : elles ne sont justement pas cette joie ou cette tristesse tout court qui constituent selon Schopenhauer l'objet de la musique. Quoi qu'il en soit, il ne faut pas penser que le concept d'abstraction désigne ici l'opération qui subsume toute une série de phénomènes, supprimant les traits qui varient et fixant les termes communs en un concept qui les rassemble. Il s'agit bien plutôt d'un détachement de la réalité et de la matérialité des sentiments, mais qui ne supprime pas pour autant leur détermination individuelle. Les affects et passions reproduits en musique sont dès lors abstraits et individuels : c'est un « monde des esprits sans substance », mais aux contours bien délimités. « Son universalité [celle de la musique] n'est nullement cette universalité vide de l'abstraction ; elle est d'une tout autre espèce et attachée à une déterminité continue et évidente » (tome I, § 52[1]).

La doctrine de Schopenhauer selon laquelle la musique « n'est absolument pas, comme les autres arts, l'image des idées, mais celle de la volonté même » (tome I, § 52), est un dogme dont on a cru assez fréquemment et naïvement qu'il élevait la musique jusqu'à l'incommensurable. Si on lui confère certainement ainsi une dignité métaphysique, cette valeur est vraiment suspecte : la proximité avec l'*ens realissimum*, l'essence véritable se tenant derrière les phénomènes, signifie une intrication plutôt qu'une élévation. Bien que Schopenhauer invoque souvent Platon, il se

---

1. A. Schopenhauer, *Le Monde comme volonté et comme représentation*, trad. cit., p. 511.

distingue radicalement de la tradition métaphysique en dépeignant la chose en soi non avec des couleurs claires mais avec des couleurs sombres. L'essence des choses, telle qu'elle se montre à un examen plus philosophique, plus détaché du quotidien[1], n'est pas cet ordre réglé, l'idée du Bien autour de laquelle gravite la pensée de Platon, mais plutôt une volonté et un élan aveugles empêtrés en eux-mêmes, qui se consument alternativement dans l'inquiétude, dans la douleur du manque et dans l'ennui de la quiétude enfin conquise. Pour Schopenhauer, qui contredit abruptement Platon, le plus haut degré de réalité est le plus bas degré de perfection. Et la volonté, la chose en soi, se manifeste le plus clairement par les sens les plus bas. « Les sons peuvent provoquer immédiatement la douleur, de même qu'ils peuvent être immédiatement sensibles, être agréables sans se rapporter à l'harmonie ou à la mélodie. Le toucher, qui ne fait qu'un avec le sentiment du corps tout entier, est soumis encore plus à cette influence directe sur la volonté ; mais il y a cependant un toucher sans douleur ni volupté. Les odeurs en revanche sont toujours soit agréables soit désagréables ; c'est encore plus vrai pour le goût. Ce sont donc ces deux derniers sens qui sont le plus mélangés avec la volonté : c'est la raison pour laquelle on les appelle les sens les moins nobles » (I, § 38[2]). Sans que Schopenhauer le dise ouvertement, le fait que la musique « exerce un effet immédiat sur la volonté, c'est-à-dire sur les sentiments, les passions et les affects de l'auditeur »[3] en fait dans le contexte de sa métaphysique une tache plus qu'une distinction. Pour échapper à ses effets inférieurs, l'auditeur doit s'éloigner de la musique et la considérer à distance au lieu de s'exposer aux

---

1. Dahlhaus trace ici une filiation entre Wackenroder et Schopenhauer.
2. A. Schopenhauer, trad. cit., p. 409-410.
3. C. Dahlhaus ne rappelle pas la référence de ce texte : A. Schopenhauer, *Métaphysique de la musique* (*Le Monde comme volonté et comme représentation*, tome II, chapitre 39 des « suppléments », trad. cit., p. 1856).

sentiments qu'elle communique. Quant à ces affects représentés musicalement, ils sont en tant qu'images de la volonté analogues aux idées (platoniciennes), aux *universalia ante rem*, pour le dire avec la scolastique. « Les concepts sont les *universalia post rem*, alors que la musique donne les *universalia ante rem*, et la réalité les *universalia in re* » (I, § 52 [1]). Les idées sont séparées des concepts par un fossé. Les concepts ne sont que les outils d'un monde de finalité, soumis au *Diktat* de la volonté empêtrée en elle-même et aveugle ; les idées, au contraire, se montrent à un examen « désintéressé », qui s'immerge dans une chose pour elle-même au lieu de poursuivre un but. « Car c'est seulement à l'état de *pure connaissance*, où l'homme est dépouillé de sa volonté et de ses objectifs, ainsi que de sa propre individualité, que peut naître cette perception purement objective par laquelle sont appréhendées les idées (platoniciennes) des choses » (*Parerga et paralipomena*, Tome II, § 210 [2]). A leur plus bas degré, les *universalia ante rem* sont des impressions comme celles de la pesanteur ou de la rigidité. « Aussi, toute qualité de la matière est toujours phénomène d'une idée et c'est à ce titre qu'elle est également susceptible d'être l'objet d'une considération esthétique, c'est-à-dire d'une connaissance de l'idée qui s'y présente. Ceci est même valable pour les qualités les plus universelles de la matière, qualités qui l'accompagnent toujours et dont les Idées sont l'objectité la plus faible de la volonté : c'est la pesanteur, la cohésion, la rigidité, la fluidité, la réaction à la lumière, etc. » (*Le Monde comme volonté et comme représentation*, Tome I, § 43 [3]). Pesanteur et rigidité, concepts dans l'usage quotidien, sont des idées dans la contemplation esthétique :

1. A. Schopenhauer, *le Monde comme volonté et comme représentation*, trad. cit., p. 513.
2. C. Dahlhaus se trompe dans sa référence ; il s'agit du § 206 et non du § 210 de ce texte. Voir sa traduction par Jean-Pierre Jackson, Paris, Editions Coda, 2005, p. 748 ; pour le texte allemand, voir A. Schopenhauer, *Sämtliche Werke V*, Stuttgart-Frankfurt, Suhrkamp Taschenbuch Wissenschaft, 665, 1965, p. 494.
3. A. Schopenhauer, trad. cit., tome I, p. 432.

la différence entre concepts et idées est le corrélat de la différence entre la perception dirigée vers un but et celle qui s'oublie dans la contemplation. La pensée de Schopenhauer ne se saisit cependant pas immédiatement ni sans efforts. On pourrait se demander ce qui distingue l'impression esthétique de la pesanteur (ou l'impression pesante que donne un objet) de celle qu'on mesure ou qu'on estime avec les objets de tous les jours.

L'impression esthétique de la pesanteur (selon Schopenhauer, « l'idée platonicienne » s'y montre et elle en garantit la réalité) se réfère en effet à un objet, dont elle est issue : c'est l'impression de quelque chose. Mais, en même temps, le poids lui-même est contenu dans l'impression, et on peut en ce sens parler pertinemment d'une « impression pesante » plutôt que d'une « impression de pesanteur ». Cette qualité que Schopenhauer comprend comme *idée* appartient à la chose tout aussi bien qu'à l'impression (Joseph König, *Sein und Denken*, 1937, § 4 [1]).

Ce caractère double devient mieux saisissable si l'on sépare la pesanteur, considérée comme idée, des prédicats qui se rattachent exclusivement à l'un ou l'autre de ces aspects, soit à l'objet, soit à son effet. Le fait d'« être vert » est une *propriété* de la chose ; dire qu'un arbre produit une impression verte serait absurde. Et il en va de même pour le concept de pesanteur dans l'usage courant. De même, un prédicat comme « clair » ne caractérise que l'effet ; si l'on dit d'une impression de pesanteur qu'elle est également « claire », cette « clarté » est une qualité de l'impression même, et non de la chose qui l'a provoquée. Une impression brouillée peut progressivement devenir *claire* sans que l'objet contemplé doive changer. Les idées au sens où les entend Schopenhauer restent par conséquent en suspens, exactement au milieu entre le prédicat de la chose et celui de l'effet. D'un autre côté, il est cependant

1. Joseph König [Kaiserlautern, 1893-Göttingen, 1974], a enseigné la philosophie a Göttingen et correspondu avec Lipps et Plessner.

vrai que l'idée de pesanteur, si elle doit être comprise comme « platonicienne », n'est pas abstraite de l'expérience d'objets pesants, contrairement au concept : le spectateur l'apporte avec lui, même inconsciemment, pour la reconnaître ensuite simplement dans la réalité. « Vert » est alors le nom d'une qualité que l'observateur rencontre dans la réalité. Mais l'impression de *vert* est une idée surgissant chez l'observateur avec un objet qui est moins le porteur de l'idée que l'occasion de son apparition [1]. Le fait d'avoir souvent manipulé de lourds objets n'exclut pas cependant qu'on ait pour la première fois l'impression de la pesanteur lors d'un instant de contemplation esthétique, ni qu'on pense alors reconnaître pour la première fois ce qu'est au juste la pesanteur.

Dans le contexte du système de Schopenhauer, cette philosophie de l'art est une tentative de « sauver » le platonisme, cette fantasmagorie de « l'arrière-monde », pour le dire avec Nietzsche, par le chemin (ou plutôt le détour) de l'Esthétique. Les moments d'oubli de soi, dégagés et soustraits au quotidien dans la contemplation esthétique, devraient garantir que la conviction selon laquelle les *idées* existent n'est pas un leurre. L'art est chargé du fardeau de devoir servir d'« organon de la philosophie » [2].

Selon Schopenhauer, la différence entre concepts et idées devient manifeste par la différence entre les expériences au moyen desquelles elles deviennent accessibles ou concevables. La contemplation esthétique dans laquelle des impressions comme la *pesanteur* ou la *fixité* jaillissent en tant qu'idées est indéniablement une autre forme d'expérience vécue que la perception imposant au quotidien des concepts instrumentaux, orientés vers des buts. Mais il est

1. Dahlhaus analyse précisément Schopenhauer, qui accordait à *l'occasionnalisme* de Malebranche une certaine importance.
2. Cette célèbre formule se trouve cependant dans *Système de l'idéalisme transcendantal* de Schelling (Friedrich Wilhelm Joseph Schelling, Sämtliche Werke, *System der transzendentalen Idealismus*, Stuttgart, J.G. Cotta, 1856, III, p. 627 ; *Système de l'idéalisme transcendantal*, trad. C. Dubois, Louvain, Peeters, 1978, p. 259). Voir *supra*, chapitre 5, p. 92.

d'autre part tout aussi naturel d'opposer au dogme schopenhauerien de la « pure connaissance » cette question sceptique : n'est-il pas possible que l'idée de pesanteur soit fondée sur l'expérience de l'usage d'objets pesants ? Ce qui s'offre à une contemplation esthétique est second et dérivé et non premier et profond, superstructure plutôt qu'infrastructure. L'affirmation selon laquelle il s'agirait d'un élément originel et immédiat qui ne pourrait être ramené aux opérations antérieures constituant des concepts par abstraction est contestable. Et il semble difficile de réprimer la suspicion selon laquelle ces idées dont Schopenhauer voudrait assurer la survivance grâce à l'Esthétique ne seraient que des concepts transfigurés, jaillissant dans la lumière d'une immersion contemplative. Le « travail du concept » (Hegel) en est comme interrompu [1]. La spontanéité de l'esprit, cette activité catégoriale formatrice qui avait été découverte par Kant via les contenus de la conscience qui apparaissent comme des données du monde extérieur, se fige sous le regard esthétique en une simple corrélation, en un état inactif dans lequel, selon la formulation de Schopenhauer, « idée » et « pure connaissance » sont mises en relation. Le « sauvetage » esthétique des idées est cependant précaire et menacé : le domaine de l'esthétique est celui de l'apparence, et les idées même y succombent si elles sont livrées à la seule contemplation esthétique [2].

---

1. Nouveau signe d'une lecture hégélienne de Schopenhauer.
2. La lecture de Schopenhauer par Dahlhaus est, sinon kantienne, du moins clairement *rationaliste*. Cette question des « idées sensibles » se retrouvera dans le chapitre consacré au formalisme (chapitre 9, p. 115) autour de l'affirmation de Hanslick selon laquelle il existe des idées spécifiquement musicales.

chapitre 8
dialectique de « l'intériorité sonore »

> Le musicien en revanche ne fait pas abstraction de tel ou tel contenu. Il le trouve dans le texte qu'il met en musique, ou, s'il est plus indépendant, revêt un certain état d'âme sous la forme d'un thème musical qu'il configurera ensuite. Toutefois, le domaine propre à ses compositions demeure l'intériorité plus formelle, le pur acte sonore ; et l'approfondissement de ce contenu devient moins un acte plastique tourné vers l'extérieur qu'un retour à la liberté propre à l'*intérieur*, un laisser aller hors de soi en soi-même et, dans maint domaine musical, l'assurance d'être en tant qu'artiste libéré du contenu[1].

L'affirmation de Hegel, qui distingue dans ses cours d'esthétique la musique de la sculpture, « acte plastique tourné vers l'extérieur », formule un dilemme auquel la musique, c'est-à-dire « l'intériorité sonore », ne saurait échapper. Car lorsqu'elle a pour « domaine propre » l'« acte sonore pur » et indépendant, la musique s'émancipe d'un contenu dont elle exprime la signification, pour l'intériorité, dans l'acte sonore. Mais cette émancipation devient en même

---

1. Hegel, *Vorlesungen über die Aesthetik*, édition F. Bassenge, Francfort s./Main, s.d., tome II, p. 266. Nous traduisons dans ce chapitre, pour des raisons de cohérence, l'ensemble des citations de Hegel.

temps déperdition et dessèchement. Hegel rejette inlassablement la musique absolue, celle qui est dénuée de tout contenu, comme étant « vide » et « dépourvue de signification ».

> De date récente, en particulier, la musique est revenue à son élément propre en s'arrachant à toute teneur claire pour soi. Mais son pouvoir sur la totalité de l'intériorité n'en est que plus affaibli, car la jouissance qu'elle peut apporter dès lors ne se consacre plus qu'à un aspect de l'art : le simple intérêt pour ce qui est purement musical dans la composition et pour l'habileté de son écriture. Or cet aspect ne concerne plus que les connaisseurs et s'adresse moins à l'intérêt artistique de l'homme en général (p. 269).

On ne saurait s'empêcher ici de se remémorer la thèse hégélienne de la fin de l'art. « L'esprit de notre monde », parvenu à la connaissance de soi avec Hegel, a franchi, en tant qu'il est philosophique, « l'étape où l'art constitue la meilleure manière d'être conscient de l'absolu ». L'« intérêt substantiel » de l'art s'affaiblit dès lors. Le destin qui consiste à être abandonné par l'esprit n'empêche certes pas les progrès techniques de l'art, qui sont pour la musique ceux du « purement musical ». Mais Hegel rejette avec mépris cet « aspect qui concerne seulement les connaisseurs ». C'est le malheur de la musique, qu'elle perde une part essentielle de sa substance juste au moment où elle accède pleinement à elle-même en tant que « pure sonorité ». Car le « repli dans la liberté propre de l'intérieur », c'est aussi le danger de mettre un pied dans le vide et dans l'abstraction. Ce que la musique gagne alors en tant que musique, elle le perd en tant qu'art relevant de « l'intérêt artistique de l'homme en général ». « L'intériorité subjective constitue le principe de la musique » (p. 320), elle est « l'élément » dans lequel la musique se meut. Il serait faux néanmoins de compter Hegel parmi les esthéticiens du sentiment, car il trouvait suspect le genre de rêveries dans lesquelles Joseph Berglinger se perdait à l'écoute de la musique chez Wackenroder. Le point de départ et l'étincelle originelle de la réflexion hégélienne ne résident pas dans les effets affectifs de la musique, ni dans les émotions qu'un compositeur exprimerait et conserverait par les sons. L'intériorité est bien plutôt la « région » dans laquelle apparaît une « teneur substantielle », l'une des manières par lesquelles l'esprit devient vivant par analogie avec « l'extériorité » de l'espace où il se réalise sous les formes de l'architecture et de la sculpture.

Hegel identifie l'esprit au contenu et le contenu à l'Esprit : « c'est seulement lorsque le spirituel s'exprime de façon appropriée dans l'élément sensible des sons et leurs diverses configurations que la musique s'élève à son tour à l'art véritable. Peu importe que ce contenu soit désigné plus précisément par des mots ou qu'il doive être ressenti de façon plus indéterminée à partir des sons, de leurs relations harmoniques et de l'âme qu'y apporte la mélodie » (p. 271 *sq.*). Bien que Hegel se soit intéressé avant tout à la musique vocale, l'élément décisif n'est pas ici la différence entre cette musique et la musique instrumentale, mais la présence ou l'absence d'une teneur ou d'un contenu : une *substance* qu'un texte même ne saurait épuiser mais seulement esquisser, pour préserver l'espace propre à la musique.

La façon dont la musique s'immerge dans un contenu peut être objective et dirigée vers une chose, ou bien subjective et tournée vers l'intérieur. « Dans un *Crucifixus*, par exemple », la musique (dans les limites imparties par son « élément ») soit saisit « les déterminations profondes qui résident dans le concept de la passion du Christ en tant que cette souffrance, mort et inhumation divines », soit exprime « une sensation subjective de transport, de compassion ou de douleur singulière devant cet événement » (p. 304). Si, dans la mise en musique de l'ordinaire de la messe ou d'un texte biblique, c'est plutôt la « profondeur intérieure substantielle d'un contenu comme tel » que la musique cherche à atteindre, dans les airs reflétant les textes de madrigaux, au contraire, c'est « la vie et les entrelacs d'une teneur dans son intérieur subjectif singulier » qu'elle représente (p. 272). Mais peu importe qu'elle se préoccupe d'expression objective ou subjective : elle ne sort jamais de son élément propre, l'intériorité. Elle est toujours confinée à « rendre saisissable l'intériorité de l'intérieur » (p. 272), qu'il s'agisse de l'intériorité de la signification résidant dans un contenu – « un *Crucifixus*, par exemple » – ou de celle d'un sentiment subjectif. L'*intériorité* est en retour le « domaine » de la musique : dans la philosophie hégélienne, c'est un concept très vaste qui s'applique aussi bien aux sensations suscitées par un contenu qu'au « sens intérieur d'une chose », pour autant qu'il est accessible au sentiment.

En accueillant en elle-même un contenu spirituel, en exprimant l'intérieur d'un objet ou les mouvements internes de la sensation, la musique s'élève en même temps au-dessus de ce qu'elle fait sien, « car elle transforme le saisissement présent de l'intérieur en une écoute de soi, en un libre séjour en soi-même et libère en même temps le cœur du joug des joies et des peines » (p. 289 *sq.*). S'il est dithyrambique lorsqu'il célèbre « le libre acte sonore de l'âme », Hegel est tout aussi impitoyable lorsqu'il délivre ce jugement sur la forme la plus élevée que la musique puisse atteindre : elle ne manifesterait le contenu spirituel que de manière unilatérale et serait dépassée par le cours de l'histoire que reproduit son système. Hegel dit qu'une « musique véritablement idéale » (il cite Palestrina, Durante, Lotti, Pergolèse, Haydn, Mozart, mais non Beethoven) est « encore libre et sereine, qu'elle s'épanche dans la jubilation ou dans la plus grande douleur » (p. 308). Mais cette thèse entraîne son antithèse suivant laquelle le « jeu sonore de l'écoute de soi-même » célébré comme « libération » court le risque de devenir « général et abstrait », voire finalement « vide et trivial » (p. 309). La philosophie hégélienne de la musique est marquée à toutes les étapes de son développement par le soupçon que l'émancipation de la musique et de l'âme retournant en soi-même dans le « pur acte sonore » en vienne à se renverser en dessèchement. On peut être tenté d'expliquer la dialectique à laquelle Hegel soumet la musique par une simple contrainte liée à son propre système philosophique. Cela permettrait d'évacuer ce qu'un tel retournement de l'enthousiasme en désenchantement peut avoir d'étrange. Mais cette tentation commode n'aurait aucun sens. L'affirmation selon laquelle « l'intérieur spirituel » ne se maintient pas dans le « pur acte sonore », mais progresse « de la simple concentration de l'âme vers des intuitions et des représentations, et vers leurs formes façonnées par l'imagination » (p. 264) contient bien cette idée : en tant qu'art de « l'intériorité dépourvue d'objectalité », la musique serait *l'étape préliminaire* de la poésie, tout comme la musique procède par ailleurs du *dépassement* de la sculpture et de la peinture. Mais ici, le système ne fournit pas tant une explication qu'il ne requiert une preuve et une justification. D'après les critères propres à Hegel, à moins que cela ne résulte du mouvement intérieur de la chose même, il est abstrait et arbitraire de contraindre un objet de l'extérieur, plutôt que de le développer à partir de lui-même. Il faudrait donc se poser la question de la justesse factuelle, et non invoquer la seule liaison au système lorsqu'on évoque cette thèse d'une tendance de « l'intériorité sonore » à « s'affranchir » du contenu, et avec elle ce malheur : le moment du *passage*, le point d'équilibre entre la dépendance et l'émancipation, ne peut être maintenu, mais reste menacé, au contraire, par son renversement dans l'insignifiance. Dire que la prophétie de Hegel concernant la musique aurait été réfutée par l'histoire serait tout aussi exagéré : la « fonction culturelle de l'art », comme disait Helmut Kuhn [1], s'est bien affaiblie avec l'histoire.

Après « l'effondrement de l'hégélianisme », la dialectique de « l'intériorité sonore » s'est transformée avec l'Esthétique de Friedrich Theodor Vischer. Celui-ci a participé à la transmission de la pensée de Hegel, mais non sans l'affadir pour le sens commun dans sa philosophie de la musique. Selon sa thèse principale, *psychologique* plus que *métaphysique*, la musique est le « sentiment sonore », le « tout indissociable du son et du sentiment » (*Ästhetik oder Wissenschaft des Schönen*, 2ᵉ éd., 1923, tome V, p. 19). Aussi anodine qu'elle puisse paraître, la formule constitue bel et bien un paradoxe dont Vischer lui-même désespérait qu'il puisse être résolu d'une façon acceptable d'un point de vue scientifique. Sans vraiment le dire ouvertement d'ailleurs, il était inquiété, pour ne pas dire *ébranlé* par l'argument d'Eduard Hanslick suivant lequel il est vain de chercher à motiver la forme des œuvres musicales par des sentiments qui s'y attacheraient ou s'y cacheraient. Car les formes sont toujours précises, bien délimitées et concrètes, alors que les sentiments, dépourvus de concepts et d'objets (et des seuls qui puissent être accessibles à la musique), demeurent vagues, indéterminés et abstraits. Et on ne saurait déduire une empreinte d'individualité de ce qui est général et fugace.

Ce serait un grossier malentendu de penser que les esthéticiens jadis étiquetés comme *formalistes* auraient nié pour autant l'existence de caractères musicaux relevant de l'ordre du sentiment. Hanslick admettait l'existence de mouvements musicaux analogues à la

---

1. Helmut Kuhn [Lüben, 1899-Munich, 1991], philosophe allemand, a publié en 1939 une *Histoire de l'Esthétique* en anglais, avant son retour en Allemagne. Ses premiers travaux portèrent en effet sur le symbole dans l'esthétique classique, et son Habilitation sur la « fonction culturelle de l'art » à laquelle Dahlhaus fait allusion. Kuhn travailla intensivement au renouveau de la philosophie politique en Allemagne (voir Gérard Raulet, *La Philosophie allemande depuis 1945*, Paris, Armand Colin, 2006, chapitre 2, note 124).

« dynamique » des sentiments : les sensations sont caractérisées par des formes se déployant entre tension et détente, et ressemblant à celles de la musique. Pour le dire dans les termes modernes du psychologue de la forme Wolfgang Köhler[1] : « Les processus émotionnels, comme les processus intellectuels, ont des caractéristiques qui apparaissent également dans la musique, c'est-à-dire dans l'expérience auditive. *Crescendo* et *diminuendo*, *accelerando* et *ritardendo* en sont de claires manifestations »[2].

La polémique entre les formalistes et leurs opposants ne tournait donc pas autour de la question de savoir si des caractères musicaux de l'ordre du sentiment existaient ou non, mais bien de celle de savoir s'ils étaient déterminés ou pas. Vischer appréhendait ainsi les choses et, comme l'avait formulé Hanslick, il reprochait à l'ancienne *esthétique du sentiment* de rester aveugle à cette difficulté ou de ne pas chercher à la dépasser, si bien qu'elle « confondait d'emblée *l'intérieur* avec le sentiment, sans parvenir à retrouver dans ce qui n'est que brouillard les *lignes de division* qui sont le fondement originel de toutes ces différenciations dans lesquelles se meut la musique » (p. 25[3]). Un tel jugement est trop sommaire pour être juste. Le fait que l'analyse des œuvres d'art rende possible des découvertes psychologiques, qu'elle livre un aperçu de la façon dont les sentiments sont excités, le fait que l'Esthétique soit en même temps un instrument de l'Anthropologie, un outil servant la curiosité de l'homme à l'égard de lui-même, tout cela constitue bien une pensée qui remonte au XVIIIe siècle, même s'il est vrai qu'elle fut plus souvent annoncée qu'accomplie, et que son principe

---

1. Wolfgang Köhler [Talinn, 1887-1967] fut avec Max Wertheimer et Kurt Koffka l'un des fondateurs de la psychologie de la forme.
2. W. Köhler, *Psychologie de la forme : introduction à de nouveaux concepts en psychologie*, édition intégrale et entièrement revue par l'auteur, traduit de l'anglais par Serge Bricianer, Paris, Gallimard, 1964, p. 229.
3. Nous traduisons.

fut énoncé avec d'autant plus d'insistance que les analyses musicologiques détaillées se faisaient rares.

Afin de répondre à l'objection de Hanslick, Vischer tente donc en plusieurs endroits de définir le « sentiment sonore » comme quelque chose d'individuel (et ses divergences trahissent ici à quel point il a dû ressentir la pénibilité de cette difficulté). Il le décrit ainsi comme un pressentiment éphémère, insaisissable : « L'individuel trouvera donc son expression dans la musique, mais seulement comme un pressentiment qui disparaît dans l'obscurité au moment même où on cherche à le saisir » (p. 69). Vischer formule comme un paradoxe l'embarras auquel le conduit son principe, mais il attribue cela au « caractère amphibolique » de la chose même et non à la méthode qu'il emploie pour la connaître : le sentiment est « indifférencié et pourtant riche en différences internes, sans objet mais laissant pressentir l'objet » (p. 62). La musique « est l'art le plus riche… : elle exprime ce qu'il y a de plus intime, elle dit l'indicible, et elle est le plus pauvre des arts, elle ne dit rien » (p. 64). Vischer admet que l'esthétique du sentiment est condamnée à une pétition de principe. Il revendique pourtant ce manque comme une audace : « Nous avons osé jusqu'à présent nous exposer au reproche de suivre un raisonnement circulaire, de procéder à des déductions tirées d'un principe qui aurait lui-même dû être déduit, dans le seul but de déduire ensuite celui-ci de celles-là. C'est ce que nous faisions lorsque nous tirions nos hypothèses sur *la fondation du monde des formes musicales à l'intérieur du sentiment* de ce monde de formes même auquel nous revenons ensuite comme s'il s'agissait d'une étape postérieure » (p. 42[1]). Seules des analyses de détail pourraient indiquer si ce cercle est un cercle herméneutique légitime, mais elles manquent chez Vischer. En fin de compte, il va même jusqu'à abandonner

---

1. Nous traduisons.

implicitement sa thèse directrice selon laquelle le sentiment fonde la forme. Avant d'être travaillé, le sentiment comme matière serait toujours quelque chose de « relatif, d'informe », « affligé de tous défauts et contingences » (p. 51). Ce qui est individuel, ce n'est donc pas le sentiment qui se trouve au fondement de la forme, mais seulement la figure qu'il prend par la forme. Pour Vischer, l'empreinte individuelle est certes déjà esquissée et déposée dans le « sentiment comme matière » ; mais elle n'est réalisée que dans la forme. Et le sentiment est dépassé comme sentiment au moment même où il reçoit une existence sonore : il n'existe qu'à titre de moment *disparaissant* au cours du passage menant du « sentiment comme matière » encore « brute » à cette forme sonore où il s'éteint en « disparaissant dans l'obscurité ».

chapitre 9
la querelle du formalisme

Si l'on se demande maintenant ce qui doit être exprimé par ce matériau sonore, on répondra : des idées musicales. Mais une idée musicale que l'on a fait parfaitement apparaître est déjà une beauté autonome, une fin en soi et nullement un moyen ou un matériau pour représenter des sentiments et des pensées, pour peu qu'elle possède hautement cette signification symbolique reflétant les grandes lois de l'univers que nous retrouvons dans toute beauté artistique. Les formes sonores en mouvement sont les seuls et uniques contenu et objet de la musique (Eduard Hanslick[1]).

1. C. Dahlhaus use ici d'un état du texte de *Du Beau dans la musique* antérieur à la troisième édition de 1865 qui remplacera définitivement toute la fin de ce passage (« pour peu qu'elle possède hautement cette signification symbolique reflétant les grandes lois de l'univers que nous retrouvons dans toute beauté artistique. Les formes sonores en mouvement sont les seuls et uniques contenu et objet de la musique »), en terminant la seconde phrase sur le terme de « pensées », par la célèbre formule lapidaire « le contenu de la musique, ce sont les formes sonores en mouvement ». (E. Hanslick, *Du Beau dans la musique*, édition critique par Dietmar Strauss, Wien, Schott Musikwissenschaft, 1990, tome I, p. 75, nous traduisons). C'est sans doute l'aspect romantique du texte original qui a retenu l'attention de Dahlhaus, à moins qu'il ait tenu absolument à faire référence à la première version du livre. Le regain d'intérêt pour l'édition originale du texte de Hanslick [Leipzig,

Mésinterprétée presque à chaque fois qu'on la cite, cette phrase de Hanslick sur les « formes sonores en mouvement » est le centre autour duquel se regroupent les aphorismes et excursus qui composent son traité *Du Beau dans la musique* (1854, p. 32). Elle fut comprise comme une provocation contre l'esthétique du sentiment, que Hanslick disait « vermoulue [1] » (p. 5). Si cette thèse fut formulée comme un paradoxe, comme un *quiproquo* entre des termes contradictoires, ce n'était pas sans raison : la forme y serait le contenu, c'est-à-dire son propre contraire. On ne saurait reprocher à Hanslick le fait que cette affirmation narquoise ait été réduite lors de la querelle qu'elle déclencha (une controverse qui donne l'impression de ne pas être encore terminée) à la proposition triviale selon laquelle la musique n'est *rien* que forme, et la forme un son vide et sans expression. S'il employa bien les métaphores malheureuses d'« arabesque » et de « kaléidoscope » par agacement polémique, il disait par ailleurs sans aucune équivoque qu'il entendait par *forme* la forme interne, l'*energeia* des philosophies du langage de Wilhelm von Humboldt et surtout de Jakob Grimm, sur lequel il s'appuie : « Les formes qui se construisent à partir des *sons* sont […] l'esprit prenant de l'intérieur une forme extérieure [2] » (p. 34). Si on le prend au mot, Hanslick n'affirme pas seulement que la forme est l'expression, la manifestation de l'esprit par la forme, mais plutôt que *cette forme elle-même* est esprit. Dans son esthétique, la « forme » est un

---

Rudolf Weigel, 1854] a conduit à sa réédition sous forme première chez WBG, Darmstadt, 2010.

1. Employant ainsi la même formule que Schoenberg, cité dans le premier chapitre. Cette formulation se trouve uniquement dans la préface de l'édition originale de *Du Beau dans la musique*. L'appui sur cette édition permet ainsi à Dahlhaus de tracer une filiation entre Hanslick et Schoenberg. (voir pour cette première préface l'éd. cit. de Dietmar Strauss, p. 9, ou l'édition originale cit., WBG, p. 21).

2. Texte maintenu au fil des éditions du livre, voir D. Strauss, éd. cit., p. 78 (nous rétablissons les italiques oubliés par Dahlhaus).

analogon de l'« idée musicale », et Hanslick, suivant directement l'exemple de Vischer et indirectement celui de Hegel, définit le terme d'« idée » comme « le concept purement et parfaitement présent dans sa réalité [1] » (p. 16). Il faut donc dire de la forme tout comme de l'idée musicale qu'elle est une *essence* qu'on a fait apparaître, et non son contraire, qui serait la *simple apparition* d'une essence à chercher en dehors de la musique dans des sentiments et des « programmes ». Puisqu'il conçoit la forme comme esprit et essence, Hanslick peut affirmer judicieusement et sans se contredire qu'elle est un contenu qui apparaît ou se réalise dans le matériau sonore :

"Le statut tout particulier que la valeur [spirituelle [2]] assume en musique par rapport aux catégories de forme et de contenu devient alors évident. On a l'habitude de considérer l'émotion qui traverse un morceau de musique comme son contenu, son idée ou sa valeur spirituelle, et les formes sonores déterminées, crées par l'art, au contraire, comme la simple forme, l'image, le costume sensuel du suprasensible. Mais la seule création de l'esprit artistique est justement la partie spécifiquement musicale ; l'esprit qui la contemple s'unit avec elle en la comprenant" (p. 72). La musique est une langue et la *composition* un "travail de l'esprit sur un matériau adapté à l'esprit" [3] (p. 35).

L'idée de fonder le concept de « forme musicale » sur celui du caractère langagier de la musique évita que l'Esthétique ne marche à tâtons dans le « grand brouillard » (Vischer) de l'esthétique du sentiment. Mais elle tend pourtant d'autre part à dissoudre l'Esthétique dans l'Histoire, car ce caractère langagier est historique. Hanslick redoutait cette conséquence, et reprocha même à Hegel

---

1. Citation de F.T. Vischer en note de bas de page de l'édition originale de *Du Beau dans la musique*, chapitre II, dans D. Strauss, éd. cit., p. 47.

2. C. Dahlhaus oublie dans sa citation ce mot pourtant présent dès la première édition du texte (WBG, éd. cit., p. 90).

3. E. Hanslick, *Du Beau dans la musique*, D. Strauss, éd. cit., chapitre III, p. 79.

d'avoir « insensiblement confondu son point de vue, essentiellement celui de l'historien de l'art, avec celui qui est purement esthétique [1] » (p. 46) – comme si l'effort de Hegel pour contraindre *histoire* et *système* à se réconcilier pouvait être résolu en recourant comme à des subalternes aux compétences de disciplines rigoureusement distinctes les unes des autres. La polémique de Hanslick contre l'esthétique du sentiment se fonde sur le « purement esthétique ». Son argument décisif est le principe selon lequel « l'effet de la musique sur le sentiment [il n'est donc pas nié] ne [possède] ni la nécessité ni la constance ni enfin l'exclusivité qu'un phénomène doit présenter pour pouvoir fonder un principe esthétique [2] » (p. 9). Cependant, l'inclination de Hanslick envers l'exactitude des sciences de la nature est douteuse, car elle conduit probablement plus souvent à la ruine en matière d'esthétique que ne le fait cette spéculation mal famée. Par ailleurs, Hanslick, malgré tous ses scrupules quant à la « nécessité » et à la « constance » de ses principes, est contraint d'admettre la nature *mortelle* non seulement du contenu émotionnel de la musique, mais encore de la forme conçue comme esprit, c'est-à-dire du *beau musical*. « Il n'y a pas d'art qui use autant de formes que la musique, ni aussi vite… on peut dire sans erreur d'une foule de compositions qui restent bien au-dessus de la moyenne de leur époque, qu'elles *ont été* belles un jour [3] » (p. 41). La « constance » qui manque selon Hanslick à l'esthétique du sentiment fait aussi défaut à son propre « principe esthétique ». L'idée à laquelle il aspire, celle d'une esthétique intemporelle, est un fantôme. Et la thèse d'une beauté parfaite en soi, selon laquelle l'œuvre musicale représenterait une « création spécifiquement esthétique, non conditionnée par ce que nous éprouvons », que « le regard scientifique devrait saisir

1. *Ibid.*, chapitre III, p. 93.
2. Incises de Dahlhaus.
3. E. Hanslick, *Du Beau dans la musique*, chapitre III, éd. cit. p. 86.

indépendamment des éléments psychologiques accessoires liés à sa genèse et à son effet [1] » (p. 52), ne fait jamais qu'*exprimer son époque*, celle du Classicisme, tout comme les esthétiques du sentiment de Daniel Schubart ou Carl Philipp Emanuel Bach [2] l'avaient fait pour la leur.

Le fait que Hanslick ait été contraint contre son gré à l'historicisation de ses catégories esthétiques alors même qu'il tentait d'établir les conditions universelles et anhistoriques du « beau musical » n'atténue nullement l'importance de l'idée selon laquelle il faudrait comprendre la forme dans la musique comme *forme interne*, comme « l'esprit prenant de l'intérieur une forme extérieure ». Les contradicteurs de Hanslick, pris dans l'habitude invétérée d'opposer la forme et le contenu ne comprirent pas ou passèrent outre cette réflexion. (Polémiquer contre le « formalisme » en s'en tenant à la comparaison entre la musique et une arabesque, que Hanslick lui-même corrige quelques pages plus loin, était une mesquinerie.) Sans la prémisse selon laquelle la forme n'est pas une simple apparition, mais une essence, une « idée musicale », il aurait été absurde d'affirmer qu'elle était le « contenu » de la musique, c'est-à-dire de lui attribuer la fonction qui revient dans l'esthétique du sentiment à l'affect ou à l'humeur. Si l'on peut donc dépasser le paradoxe dont Hanslick usait pour provoquer l'Esthétique dominante, il ne faut pas négliger que la véritable pensée d'un auteur, quand elle reste cachée et incomprise, a moins d'importance historique qu'un malentendu entré dans l'histoire [3].

---

1. *Ibid*, chapitre 4, éd. cit. de D. Strauss, p. 103. Ce passage très important, figurant dès la toute première version du texte de Hanslick, intitulée « Sur l'Impression subjective de la musique et sa place dans l'esthétique » (trad. cit., p. 183), disparaît ensuite du début du quatrième chapitre de *Du Beau dans la musique*.

2. Voir *supra*, chapitre 3, p. 64.

3. La teneur méthodologique de ce chapitre central pour son propos rappelle l'enseignant que fut Dahlhaus.

Car il avait déjà été question de forme interne de la musique quelques dizaines d'années auparavant dans l'apologie de l'ésotérisme musical de Bach par Friedrich Rochlitz [1] : « L'économie obstinée et le sens de la parcimonie du matériau, poussés à l'extrême, doivent sembler pauvreté, maigreur, monotonie et sécheresse à celui qui est incapable de suivre la forme intérieure mais veut plutôt s'intéresser au foisonnement et à la variété des formes extérieures [2]. » La forme intérieure dont Rochlitz veut parler est l'esprit, mais seulement en tant qu'il est inséparable de la technique de la composition.

Rien ne serait plus faux – et Hanslick en était également convaincu – que de voir dans la distinction ou l'opposition entre la *forme* et l'*expression* (qui fonde tant de descriptions de modalités d'écoute ou de typologies d'œuvres musicales) une alternative exclusive dont l'un des moments exclurait ou supplanterait l'autre. Il est parfaitement évident qu'il n'y a pas d'impression née de la musique qui ne soit colorée par les émotions, et que celle-ci, si elle existait, serait un cas-limite sans intérêt esthétique. On peut également le démontrer expérimentalement, comme Felix Krueger [3], le fondateur de la psychologie holistique. Même le sentiment de *vide* suscité par bien des Études, ce *vide* qui semble faire partie du caractère d'un morceau, est indéniablement un sentiment. L'idée d'une musique sans expression est par conséquent une mauvaise abstraction : une représentation à laquelle aucune réalité ne correspond. De la même manière, l'extrême opposé, une musique qui stimule des réactions émotionnelles sans se donner à la conscience *comme musique*, en tant qu'objet sonore et esthétique,

---

1. Johann Friedrich Rochlitz [Leipzig, 1769-1842], écrivain et librettiste, fut aussi critique musical à l'*Allgemeine musikalische Zeitung*.
2. Nous traduisons.
3. Felix Krueger [Posen, 1874-Bâle, 1948], psychologue allemand, enseigna à l'université de Leipzig, capitale de l'herbartisme européen.

est certes une tranche de vie quotidienne mais demeure un fait extra-esthétique.

La controverse entre l'esthétique de la forme et celle du sentiment ou de l'expression porta cependant moins sur des faits psychologiques que sur des normes et des critères philosophico-esthétiques. Un partisan de « l'esthétique vermoulue du sentiment » devait supporter qu'on lui reproche de jouir de l'état, de l'humeur particulière dans laquelle la musique le transportait au lieu de saisir l'objet esthétique, l'œuvre musicale et l'esprit qui s'y exprime. Inversement, un formaliste qui, s'il ne niait pas les émotions suscitées par la musique, les rejetait dédaigneusement comme non-esthétiques, était selon ses détracteurs déclaré coupable moins d'une erreur scientifique que d'une faute morale : la sobriété [1] avec laquelle il s'obstinait à ne jamais rechercher le beau musical ailleurs que dans les sons apparaissait comme une *trahison* vis-à-vis de l'enthousiasme que la musique suscitait ou devait susciter, quel que soit son contenu. On rendrait mieux justice à cette esthétique à laquelle ses ennemis avaient accolé l'étiquette de « formalisme », qu'on soupçonne de réduire la musique à un jeu vide et privé de signification, en la caractérisant comme une esthétique du « spécifiquement musical [2] ». Selon Hanslick, il y a plus essentiel que l'idée du beau trônant de manière universelle et toujours identique sur l'ensemble des arts : c'est le « matériau adapté à l'esprit » (et donc bien vivant) à travers lequel un art se distingue des autres, et dont dépendent les contenus que les différents arts sont capables d'exprimer. Schumann pensait ainsi que « l'esthétique d'un art » était « la même que celle des autres » et que « seul son matériau » différait. Et August Wilhelm

---

1. Ce terme fut important dans l'esthétique issue de Herbart, père du formalisme.
2. Voir *supra*, chapitre 4, p. 76.

Ambros[1] déclarait encore en 1856, deux ans après la parution du texte de Hanslick, que la *communis opinio* était convaincue de l'unité des arts : « heureusement, tout le monde a appris aujourd'hui à reconnaître que les arts pris séparément ne sont que les réfractions prismatiques d'un seul et même rayon de lumière » (*Die Grenzen der Musik und Poesie*, VIII[2]). Ambros appelait « poésie », comme Schumann avant lui, l'élément par lequel une œuvre d'art se distingue d'une simple construction mécanique (et il n'en va pas différemment pour la musique ou la peinture) :

> Il faut tout d'abord se souvenir que la poésie forme l'éther vital de tous les arts, tout simplement le moment idéal qui les transfigure. Cette poésie ne se présente qu'au dernier moment comme un art propre et autonome, tout comme la philosophie n'est pas simplement le fondement de toutes les sciences, mais apparaît également séparée comme une science en soi[3] (12/13).

Hanslick, qui pouvait s'appuyer sur une observation de Grillparzer, polémiquait au nom du *principe d'autonomie* contre l'esthétique du poético-musical, parce qu'il voyait en elle le danger d'une aliénation de la musique à la poésie. Il insistait donc sur le fait que la musique était « absolue » et pouvait exister pour elle seule. Sa défiance à l'égard d'une littérarisation de la musique peut se comprendre. Le concept du « poétique » n'impliquait pas cependant cette littérarisation, et c'est Hanslick lui-même qui l'introduit agressivement par son interprétation grossière et ravageuse. Il est cependant tout aussi indéniable que le principe hanslickien du « spécifiquement musical » (selon lequel les marques distinctives

---

1. L'Autrichien August Wilhelm Ambros [Mauth, 1816-Vienne, 1876], fut historien de la musique, compositeur et critique musical.
2. En réalité, A.W. Ambros, *Die Grenzen der Musik und Poesie*, Matthes, Leipzig, 2ᵉ éd., 1872, « Vorrede », p. IX-X. Nous traduisons.
3. *Ibid.*, p. 12 et 13. Nous traduisons.

d'un art sont ses traits essentiels) est un préjugé : un psychologue du soupçon pourrait suspecter qu'il surgit du besoin de distinguer nettement les compétences, et non d'un examen du fond de la question.

Que les « formes sonores en mouvement » de Hanslick soient désignées comme « contenu » par Hanslick n'indique pas seulement qu'elles sont esprit, mais également qu'elles accomplissent une fonction, celle de *thème*, qui était attribuée dans les esthétiques du sentiment au « contenu » de la musique compris comme affect. Dans la mesure où les formes assument le rôle des affects, on leur attribue toujours le terme de « contenu ». Une phrase de Johann Jakob Engel[4] citée par Hanslick exprime de la manière la plus concise l'opinion contre laquelle il dirige sa polémique : « Une symphonie, une sonate, etc., doit contenir l'exposition d'une passion qui, néanmoins se décline en de nombreux sentiments[5] ». Le thème à « exposer », le « sujet » d'une œuvre musicale (donc ce qui tient en soi les parties qui la composent), est un *affect* selon Engel. Hanslick affirme au contraire que le thème d'un mouvement est la structure sonore même exposée à son début, et non le sentiment exprimé en lui ; c'est le centre autour duquel les éléments particuliers d'une œuvre se réunissent et auquel ils se rapportent. « On entend par la "forme" d'une symphonie, d'une ouverture ou d'une sonate l'architectonique des détails et ensembles associés dont l'œuvre est constituée ; soit, plus précisément la symétrie de ces parties dans leur succession, contrastes et retours, développement. On entend par le terme de *contenu* les thèmes travaillés par une

---

4. Johann Jakob Engel [Parchim, 1741-1802], philosophe et écrivain de l'époque des Lumières.
5. Ce texte cité dans le panorama des opinions sur la musique qui clôt le premier chapitre de *Du Beau dans la musique* de Hanslick (éd. cit. de D. Strauss, p. 39), provient de G.G. Engel, *Über die musikalische Malerei*, dédié à Reichardt, Berlin, 1780, p. 29 (texte réédité à Berlin en 1802 dans le cadre des écrits de l'auteur, tome IV).

telle architectonique [1] » (p. 100-101). Ces thèmes que Hanslick nomme « contenu », comme le faisait Engel, ne sont pas donnés à la musique de l'extérieur, à titre d'affects ou de programme : ils sont eux-mêmes de la musique.

---

1. E. Hanslick, *Du Beau dans la musique*, chapitre VII, éd. cit. de D. Strauss, p. 167. A partir de la 6ᵉ édition de 1881, Hanslick remplaçait « d'une symphonie, d'une ouverture, ou d'une sonate », par « d'une sonate, d'un air, d'un chœur, etc. ». Les progrès de la musicologie naissante, apportant une meilleure connaissance des règles d'écriture du passé expliquent sans doute cette précision. Hanslick reprochera à Berlioz de s'être affranchi dans son *Requiem* de toutes les règles traditionnelles de l'écriture chorale.

chapitre 10
la musique à programme

En outre, dans les créations artistiques en question [les poèmes symphoniques de Liszt], la nouveauté essentielle qu'il faut souligner c'est l'unité poético-musicale et l'élévation à la conscience de cette unité. Lors des étapes antérieures (tout particulièrement chez Beethoven), la pensée consciente, la prépondérance de l'idée poétique, n'émergeait avec la légèreté de l'Idéal et la gravité du contenu que comme un résultat final. Ici, ces facteurs constituent le point de départ : ils fondent l'ensemble de la création. Par conséquent, cet aspect conscient prend désormais une signification principielle. Dans les œuvres de Liszt, nous voyons s'achever le processus antérieur : la pointe de la pensée, vers laquelle tout tend, est saisie fermement et la prépondérance de l'idée est ainsi élevée au rang de principe[1].

L'apologie de la musique à programme par Franz Brendel[2], thèse provocante qui ferait du poème symphonique la conséquence et le stade ultime de la symphonie, est subordonnée au modèle

1. F. Brendel, *Geschichte der Musik* (« *Histoire de la musique* »), Leipzig, H. Matthes, quatrième édition, 1867 [1852], p. 634. Nous traduisons.
2. Franz Brendel [Stolberg, 1811-Leipzig, 1868], musicologue et critique musical allemand, succéda à Schumann à la tête de la *Neue Zeitschrift für Musik*. Outre la défense systématique des œuvres de Liszt et Wagner, ainsi que l'attaque en règle des adversaires de la « musique

historico-philosophique de l'*Esthétique* de Hegel. D'après ce dernier, le développement historique des arts présente la réalisation d'un système où la musique apparaît comme l'étape précédant la poésie. Selon Hegel, il appartient à l'essence de la musique, qu'on peut déterminer dans une perspective philosophico-historique, de se dépasser elle-même : elle ne demeure pas simplement en elle-même, dans l'« intériorité abstraite » dans laquelle elle est prise en tant que « son pur », mais elle tend à son propre dépassement dans ce que Brendel nomme « l'unité du poético-musical ». Dans l'*Esthétique* de Hegel, on lisait ainsi :

> Nos sensations passent déjà par ailleurs de leur élément, l'intimité indéterminée, à une conception plus concrète et à une représentation plus universelle de ce contenu. Or la même chose peut se produire aussi avec une œuvre musicale à partir du moment où les sensations qu'elle suscite en nous, de par sa propre nature et son âme artistique, se développent en nous jusqu'à former des conceptions et des représentations plus précises, et, par là même, portent aussi à la conscience la déterminité des impressions de l'être intime en des conceptions plus solides et en des représentations plus universelles [1].

Cette thèse, chez Hegel comme plus tard chez Gervinus (qui, comme on l'a vu, méprisait et raillait la musique à programme [2]), devait étayer la conviction du primat de la musique vocale. Or Brendel s'en est servi pour légitimer le poème symphonique, sans qu'on puisse écarter pour autant cette interprétation comme une déformation. Une même pensée peut se prêter à des intérêts divergents, aussi bien apologétiques que polémiques. Les partisans de la musique à programme au XIXᵉ siècle étaient des progressistes

de l'avenir », il permit la publication dans ce prestigieux journal du triste pamphlet antisémite de Wagner, *Du Judaïsme dans la musique*.

1. Hegel, *Cours d'esthétique*, trad. fr. par J.-P. Lefebvre et V. von Schenk légèrement modifiée, Paris, Aubier, 1997, tome III, p. 133.

2. G.G. Gervinus, *Händel und Shakespeare. Zur Ästhetik der Tonkunst* (« Haendel et Shakespeare. Contribution à une esthétique musicale »), *op. cit.*, p. 164. Voir *supra*, chapitre 4.

enthousiastes, sûrs d'eux-mêmes dans leur conviction de deviner et d'accomplir les intentions de l'Esprit du Monde. Leurs arguments relevaient prioritairement du point de vue philosophico-historique, alors que leurs opposants s'appuyaient plutôt sur la psychologie. Aux uns, la musique à programme apparaissait historiquement « nécessaire » et donc aussi *possible*; aux autres, elle apparaissait empiriquement « impossible » et par conséquent superflue et nocive, comme le fourvoiement issu d'une spéculation esthétique arrogante qui s'est fâcheusement imposée dans la pratique compositionnelle. A l'exaltation philosophico-historique répondait une *skepsis* empruntant sa technique à la psychologie du soupçon. L'apparence selon laquelle on parlait des deux côtés la même langue, celle de l'Esthétique, était une illusion. Le nom d'« Esthétique », sous lequel la controverse était étiquetée, était un mot vide qui n'avait d'autre fonction que de dissimuler la réalité : celle d'un dialogue de sourds.

Les coups de l'argumentation psychologique, qui reposait sur une base expérimentale, portaient dans le vide, c'est-à-dire là où l'adversaire qu'elle visait ne se trouvait pas. Eu égard à ce dont cette controverse questionnait la pertinence esthétique, rien n'est aussi peu pertinent que la tentative, inlassablement réitérée avec un résultat invariablement négatif, de demander aux auditeurs de deviner le programme d'une œuvre qu'ils ne connaissent pas. En premier lieu, un partisan de la musique à programme aurait pu objecter que la spontanéité de l'auditeur constitue un *défaut*, bien qu'elle apparaisse comme un avantage aux yeux du psychologue expérimental qui recherche les lois naturelles de l'aperception et de l'association. Car l'un des buts que Liszt avait en vue était la médiation entre la musique et une tradition culturelle qui était avant tout philosophico-littéraire. La spontanéité, l'audition naïve et non réfléchie était donc précisément ce dont il fallait guérir le public musical. En second lieu, c'est un grossier malentendu que de croire que le Programme est le *sens* d'un poème symphonique, et qu'il en ferait une énigme à la manière dont on « code » un texte.

La tentative de concevoir une esthétique qui convienne à la musique à programme bute sur l'ambiguïté du terme de « contenu », catégorie incontournable malgré tout ce qu'elle peut avoir de précaire. Lorsqu'il est question de musique, le terme de « contenu » désigne d'un côté un sujet qui existe en dehors de la musique, et de l'autre une composante de l'œuvre musicale elle-même ; or, du point de vue de l'Esthétique, seule la seconde signification est pertinente. L'idée selon laquelle Liszt aurait traduit des poèmes en musique (ou aurait cherché à dire dans une autre langue la même chose que le texte d'origine) est une erreur dont l'absurdité n'a pourtant pas empêché la diffusion, au point que même un esthéticien de la trempe de Gervinus ait pu y succomber. Pourtant, le *Faust* de Goethe n'est pas le *contenu* de la *Faust-Symphonie* de Liszt, mais simplement son *sujet*. Et un sujet n'est pas un modèle qu'il s'agit d'imiter mais une matière travaillée par le compositeur. Pour le dire exactement, une idée musicale et un *sujet* sont deux types de matériaux et c'est seulement par l'action réciproque d'un sujet et de « formes sonores en mouvement » que le contenu musical se constitue. Vouloir en faire l'objet d'un récit, c'est se tromper sur son mode d'existence. Si le sujet détermine la signification des thèmes et des motifs musicaux, l'inverse est tout aussi vrai : la teneur du sujet est refondue grâce aux thèmes et aux motifs musicaux. La musique à programme repose donc sur l'interdépendance entre ces deux aspects.

Par ailleurs, il ne faut pas nier ce que le poème symphonique a de précaire du point de vue esthétique, bien qu'il soit superflu d'insister sur ce point, non seulement parce que le poème symphonique est un genre défunt dans toute Nouvelle Musique digne de ce nom, mais avant tout parce qu'il a contre lui (à l'exception de l'esthétique prétendument « socialiste ») les préjugés de notre siècle. On peut décrire sa situation dans la conscience musicale générale comme celle d'un milieu intenable entre ce qui n'est plus et ce qui n'est pas encore. Étranger à la compréhension immédiate, il ne l'est pas assez aux yeux de la compréhension historique pour qu'elle en lance la redécouverte et la restauration. Ainsi que Walter Wiora[1] l'a souligné, la différence entre musique absolue et musique à programme ne constitue pas une opposition radicale : au-delà des alternatives tranchées qui sont le résultat inévitable des controverses, il ne faudrait pas oublier les nombreuses étapes intermédiaires qui existent entre les extrêmes dans la réalité musicale. On a pu établir qu'il y a des programmes cachés, par conviction esthétique ou par peur de la critique, chez Haydn, Weber, Mahler, et même chez Bruckner. Arnold Schering[2] a même cherché jusque dans les symphonies et les œuvres de musique de chambre de Beethoven des programmes ésotériques. Mais même s'ils avaient effectivement existé, ils n'auraient pas été pertinents d'un point de vue esthétique, car la valeur esthétique d'une œuvre doit être distinguée de sa genèse historique. Les indications qui figurent en tête de certains morceaux sont un autre stade intermédiaire entre la musique pure et la musique à programme et il n'est pas rare qu'elles s'apparentent aux « sujets » des poèmes symphoniques de Liszt : elles révèlent une étape de la conception

---

1. Walter Wiora [Kattowitz, 1906-Tutzing, 1997], musicologue et historien de la musique, publia notamment *Die Vier Weltalter der Musik*, Bärenreiter, Leipzig, DTV, 1988, préfacé par Dahlhaus. Dahlhaus se réfère certainement ici à son article « Zwischen absoluter und Programmusik », dans Amalie Albert et Wilhelm Pfannkuch, *Festschrift Friedrich Blume zum 70. Geburtstag*, Kassel, Bärenreiter, 1963, p. 381-388.
2. Arnold Schering [Breslau, 1877-Berlin, 1941], musicologue allemand, s'impliqua fortement dans la politique musicale du IIIe Reich. Il s'attacha notamment à mettre en parallèle le schéma musical de certaines œuvres de Beethoven et celui que suivent des scènes du théâtre shakespearien.

de l'œuvre [1], ou sont au contraire des ajouts postérieurs censés canaliser l'imagination de l'auditeur, dont on craint qu'elle ne s'égare. Somme toute, il n'existe qu'une mince différence entre une *inscription liminaire* et une *indication de caractère* – qui se change parfois aussi à son tour en une indication de tempo ou d'articulation sans qu'il y ait entre les deux une démarcation tranchée.

Pour le dire exactement, la musique à programme est la musique d'une époque où l'expérience humaine était imprégnée de lectures et où la littérature était presque aussi importante que la chose même dont il s'agissait. Le zèle avec lequel le XIXe siècle a cherché à légitimer son importance, quitte parfois à la présenter comme le but de l'histoire de la musique, serait tout simplement incompréhensible si des motifs esthétiques et sociaux n'y étaient pas mêlés. On peut évidemment déchiffrer les *théorèmes* lisztiens comme une idéologie, comme une justification ; mais le fait qu'une idée défende un intérêt n'implique pas nécessairement qu'elle soit fausse.

Les espoirs qui furent placés dans le poème symphonique révèlent une hésitation au sujet de la *symphonie*. On considérait certes l'œuvre de Beethoven avec un respect qui d'une stupéfaction déconcertée s'était progressivement mué en véritable compréhension, et ceux parmi les Romantiques qui furent des enthousiastes de la musique (Wackenroder, Tieck, E.T.A. Hoffmann [2]) avaient loué en la musique instrumentale moderne la « merveille de l'art musical ». Mais la conception enracinée depuis des siècles selon laquelle la musique était avant tout musique vocale continuait à régner vers 1850. Le fait d'avoir besoin de s'appuyer sur des textes ou des images pour apprécier le sens de la musique passe au

---

1. Dahlhaus pense peut-être à l'indication « Bonaparte », titre que Beethoven raya ultérieurement sur le manuscrit de sa symphonie « Héroïque ».
2. Voir *supra*, chapitre 4, p. 74.

XXe siècle, sans que cela soit d'ailleurs vraiment justifié, pour un signe de dilettantisme voire d'atonie. C'est ainsi qu'au XIXe siècle, on percevait presque universellement comme un *langage* ce que Hegel nommait le « pur acte sonore » ; mais si l'on sentait qu'il était *proféré*, sa signification et la compréhension certaine du contenu de la musique ne cessaient de se dérober. August Wilhelm Ambros, qu'il serait absurde de tenir pour un dilettante, écrivait en 1856 : « Il est certain que face à de telles œuvres musicales [il songe aux symphonies de Beethoven], chacun sent plus ou moins s'éveiller en lui ce "talent de dépeindre en musique" que s'attribuait Heine. Cette musique parvient de haute lutte à son expression précise, elle est comme un esprit captif dont la délivrance dépend d'une formule unique qui le lie étroitement à celui qui l'évoque – mais l'esprit n'est pas autorisé à la prononcer lui-même, et le protagoniste reste muet, interdit devant l'apparition, cherchant fiévreusement le mot magique » [1].

À ce motif *esthétique* attirant vers la musique à programme, formulé radicalement par Ambros, se mêlait un motif *social*. La musique, surtout instrumentale, apparaissait aux yeux de ses contempteurs qui avaient de la culture comme un art sans tradition et de rang inférieur, n'égalant pas la poésie. On lit ainsi chez Hegel :

> Le compositeur, quant à lui, peut certes mettre lui-même dans son œuvre une signification déterminée, un contenu consistant en représentations et en sensations, avec leur déroulement clos articulé, mais inversement, il peut aussi se soucier de la structure purement musicale de son travail et du côté spirituel de cette architectonique, sans se préoccuper nullement de ce genre de teneur. Mais la production musicale, dans cette perspective, peut alors aisément devenir quelque chose dont les pensées et la sensation sont absentes, et qui ne nécessite

---

1. A.W. Ambros, *Die Grenzen der Musik und Poesie. Eine Studie zur Ästhetik der Tonkunst* [*Les limites de la musique et de la poésie. Étude d'esthétique musicale*], Leipzig, H. Matthes, 1885 [1856], p. 131. Nous traduisons.

pas, du point de vue de la culture et de l'être intime, une conscience déjà profonde par ailleurs [1].

Ces propos dans lesquels se manifeste un évident *mépris*, étaient sous la plume de Hegel l'expression d'une opinion commune qui fut ressentie comme un défi par Liszt, auteur de théories esthétiques dans lesquelles les motifs sociaux étaient loin de jouer un rôle secondaire. À la thèse selon laquelle la tendance intime de la musique, cet art en lui-même incomplet, était de se dépasser dans la poésie ou de lui servir de toile de fond, Liszt opposa cette antithèse abrupte et provocante : « dans ses chefs-d'œuvre, la musique s'assimile toujours davantage les chefs-d'œuvre de la littérature » [2].

Liszt ressemble à un usurpateur qui se saisit au nom de la musique des biens de la littérature. Cette proclamation hybride, cette formule relevant de l'Esthétique et de réflexions philosophico-historiques, contredit l'esprit de l'époque, marqué par la prédominance de la littérature. Elle aurait pourtant été inconcevable en d'autres temps : sa portée ambitieuse se fonde moins, en effet, sur les prétentions d'un individu que sur le langage typique des années de gloire de Hegel, où il exerçait une influence irrésistible. Le Programme musical avait été récusé par Schumann dans sa critique de la *Symphonie fantastique* comme « quelque chose de peu digne et de charlatanesque » [3] ; pour Liszt, antipode musical de Schumann, c'était au contraire un moyen de fonder la dignité de la musique instrumentale, sa prétention à relever de la « culture »

---

1. Hegel, *Cours d'esthétique*, trad. cit., tome III, p. 198-199.
2. Franz Liszt, *Berlioz und seine Harold-Symphonie* [*Berlioz et* Harold en Italie], *Gesammelte Schriften*, IV "Ausgewählte Schriften", éd. Julius Knapp, Leipzig, Breitkopf & Härtel, 1910, p. 133. Nous traduisons.
3. Robert Schumann, « Symphonie Fantastique », IV, dans *Sur les Musiciens, op. cit.*, p. 151. Schumann écrit, plus exactement, au sujet du programme rédigé par Berlioz pour cette *Symphonie Fantastique* dont il fait l'éloge par ailleurs : « de pareils guides ont toujours quelque chose de peu digne et de charlatanesque ».

et non simplement, comme Kant le disait avec mépris, de l'« agrément ».

C'est par cette prétention emphatique que le poème symphonique se distinguait de l'ancienne musique à programme, à qui il suffisait d'être un divertissement ; elle fut préparée par la critique et l'herméneutique poétisantes du début du XIXᵉ siècle, dont on ne saurait sous-estimer les influences sur l'écoute musicale comme sur la praxis compositionnelle. Notre conscience de la musique est déterminée en grande partie par la littérature musicale. Ses détracteurs eux-mêmes peuvent difficilement se soustraire à son influence : l'expérience musicale est presque toujours déterminée par les souvenirs de lecture, si bien que le sens que la musique reçoit dans sa *forme secondaire* d'existence, sa forme littéraire, n'est pas sans affecter sa *forme primitive* d'existence, celle qui relève du domaine de la composition.

L'idée selon laquelle la critique était appelée à intervenir dans le cours du développement des arts (et ce moins par ses jugements relatifs à la valeur des œuvres que par une réflexion sur leur teneur) appartenait au programme esthétique du premier Romantisme. Novalis [1] écrivait ainsi : « trouver des formules pour découvrir les individualités artistiques afin qu'elles deviennent véritablement compréhensibles, voilà l'affaire du critique d'art, dont les travaux préparent ainsi l'histoire de l'art » [2]. L'idée d'une critique productive ou co-déterminant la production ne fit pourtant son apparition dans la littérature musicale que quelques décennies plus tard, constituant l'un des motifs centraux de l'apologie de la musique à programme chez Franz Brendel. Ainsi qu'on l'a évoqué plus haut, Brendel considérait l'« unité poético-musicale » (dont il voyait la réalisation dans les poèmes symphoniques de Liszt)

---

1. Georg Philipp Friedrich von Hardenberg, dit Novalis [Oberwiederstedt, 1772-Weissenfels, 1801], écrivain et philosophe, fut l'un des grands représentants du romantisme d'Iéna.
2. Nous traduisons.

comme la manifestation consciente d'une tendance ayant déterminé inconsciemment et sous des formes rudimentaires toute l'histoire de la musique instrumentale. Cependant, d'après Brendel, qui ne sous-estimait donc pas l'importance de son rôle dans l'histoire, c'est par la médiation de la *critique* que s'effectuait le passage du latent au manifeste, de la Ruse de la Raison à sa manifestation dans la conscience de soi du compositeur. « L'essence de l'art contemporain consiste avant tout en ce que ses constructions ne suivent plus des fondations *données*, selon l'ancienne manière naturaliste (il veut dire ici « instinctive » [1]) : la théorie et la critique se sont interposées entre l'ancien et le contemporain, au point que notre art les contient aujourd'hui à titre de présuppositions » [2]. Bien que la construction historique de Brendel (sa conception d'un développement menant du « naturalisme » à la conscience de soi), semble douteuse, on ne contestera pas la thèse selon laquelle la critique poétisante, dont E.T.A. Hoffmann et Schumann fournirent les paradigmes, fut l'un des présupposés du poème symphonique. On exagère à peine en disant que le poème symphonique est, sur le plan de la composition, la réalisation d'un principe qui déterminait depuis le début du XIXe siècle la description et la conception de la musique. Liszt n'avait donc pas tort d'interpréter la conception du poème symphonique comme une conséquence de la réception de la musique de Beethoven : « Depuis une quinzaine d'années, on multiplie les tentatives de commenter les *Symphonies*, les *Quatuors* et les *Sonates* de Beethoven, d'expliquer et de fixer dans des traités poétiques et philosophiques les impressions qu'elles nous donnent, les images qu'elles éveillent en nous – cela prouve quel grand besoin nous avons d'avoir sous

---

1. Incise de Dahlhaus.
2. Franz Brendel, *Geschichte der Musik, op. cit.*, p. 624. Nous traduisons.

les yeux un relevé précis de la pensée directrice des grandes œuvres instrumentales »[1].

Le groupe des Jeunes Allemands, Parti du progrès autoproclamé, en avait fait son slogan : l'histoire de la symphonie était la préhistoire du poème symphonique ou encore, selon la théorie de Wagner, du *drame musical*. Reste que la modernité représentée par Berlioz et Liszt a plutôt fonctionné comme un frein relativement à l'ensemble du cours historique des cent cinquante dernières années, non du point de vue de la *technique compositionnelle*, bien évidemment, mais bien de l'*Esthétique*. On peut difficilement méconnaître que cette tendance se soit imposée dans l'écoute musicale (ainsi que Schoenberg en a témoigné pour lui-même) : concevoir la musique vocale comme instrumentale, et, inversement, chercher dans la musique instrumentale des programmes, qu'ils soient explicites ou tacites. Le rôle du poème symphonique dans l'histoire de l'émancipation de la musique instrumentale est ambigu. La revendication par Liszt d'un caractère *artistique*, au sens emphatique du terme, pour les œuvres instrumentales de Beethoven comme pour les siennes propres, était certes *progressiste*. Mais la méthode par laquelle il voulut l'imposer, cette mainmise sur les « chefs-d'œuvre de la littérature » dont la résolution[2] par les sons devait garantir que la musique n'était pas un art méprisable, constitua pour sa part une *régression*.

---

1. F. Liszt, *Gesammelte Schriften*, IV, *op. cit.*, p. 103. Nous traduisons.
2. Dahlhaus emploie le terme *Aufhebung* au sens hégélien.

chapitre 11
tradition et réforme dans l'opéra

> Mis à part le désir d'écrire de la bonne musique, d'accomplir
> également par la musique le contenu spirituel du drame immortel
> de Büchner, de transposer sa langue poétique en langage musical,
> je n'eus d'autre intention, au moment où je me décidai à écrire un
> opéra, même sur le plan de la technique de composition, que de
> donner au théâtre une œuvre qui lui convienne entièrement, de
> façonner ma musique dans une conscience constante de sa
> subordination à l'action – et plus encore : qu'elle tire de son fonds
> propre tout ce que ce drame exige pour sa réalisation sur les planches,
> le compositeur assumant ainsi toutes les tâches essentielles qui
> incombent à un metteur en scène idéal. Et il faut malgré tout que
> rien n'atteigne le droit à l'existence d'une telle musique absolue
> (purement musicale), que rien de non-musical ne bride sa vie propre [1].

Dans sa notice sur Le « *Problème de l'opéra* » (1928), où il se met
à l'écart du « problème » en utilisant des guillemets, Alban Berg
formule les principes du drame musical sans utiliser le vocabulaire

---

1. Alban Berg, « Das "Opernproblem" » [*Neue Musikzeitung*, XLIX, Stuttgart, 1928].
Écrits, trad. par Henri Pousseur, Gisela Tillier et Dennis Collins légèrement modifiée,
Paris, Christian Bourgois, 1999 [1985], p. 107-110, ici p. 108.

de Wagner. C'est pourtant dans cette tradition qu'il faut comprendre *Wozzeck* même, bien qu'il soit par ailleurs indéniablement moderne. La thèse de Wagner (ou de Gluck) selon laquelle la musique d'opéra a pour tâche de « servir le drame » est ici acceptée comme une évidence sur laquelle la discussion est close – comme si on ne pouvait pas prédire sans risque qu'une controverse pluriséculaire ne saurait prendre fin qu'avec l'objet en question. Berg, d'autre part, n'hésite pas à parler de la fonction théâtrale de la « transposition » musicale, de la *mise en scène* [1] par la musique, c'est-à-dire de cet aspect que Nietzsche avait mis en avant afin de dénigrer Wagner en le retournant contre lui. « Comme on le voit, j'ai un tempérament foncièrement antithéâtral, j'ai pour le théâtre, l'art de masse par excellence, le mépris outrageant que lui voue, aujourd'hui, du fond du cœur, tout artiste véritable » (*Nietzsche contre Wagner*, Werke, 1966, II, p. 1041 [2]). L'opéra est certainement un produit composite, mais ce n'est pas encore pour autant une œuvre d'art totale. La « simultanéité des arts » que leur avait proposé le point de vue philosophico-historique où tous les arts représentent le même degré de développement, n'a que rarement sinon jamais été réalisée dans l'opéra. Quand bien même on admettrait la possibilité que l'Esprit du Temps, dans la mesure où il existe, pénètre pareillement tous les arts – ce qu'on a aussi souvent contesté qu'accepté –, on ne pourra guère contester que les parties ou les composantes d'un opéra ont presque toujours été « asynchrones ». Même un wagnérien orthodoxe pourra difficilement fermer les yeux sur le fait que l'imagination plastique de Wagner demeure moins avancée que son imagination musicale. Mais l'inatteignable, ou ce qui semblait l'être, eut pourtant le sens d'un défi qui fit avancer l'histoire de l'opéra. On n'a cessé de

---

1. En français dans le texte.
2. F. Nietzsche, *Nietzsche contre Wagner*, « Là où je trouve à redire », trad. J.-C. Hémery, Paris, Folio-Gallimard, 1974, p. 64.

chercher à transmuer les éléments composites de l'opéra en œuvre d'art totale. La conviction selon laquelle il serait en effet possible de fondre ensemble ces aspects hétérogènes en une forme homogène alimenta une nouvelle idée, une sorte d'*idée fixe*[1] de l'histoire de l'opéra : le rêve d'un retour ou d'une renaissance de la tragédie antique. Les révolutions dans l'opéra furent présentées comme des restaurations, ou comme le retour à la « vérité ancienne » que Wagner appela le « drame musical » pour s'opposer à la désagrégation de l'opéra en une libre coexistence du spectacle scénique et du concert.

L'histoire de l'opéra, cette « œuvre d'art impossible »[2], se présente comme le cas presque unique d'une évolution qu'on peut décrire à l'aide de l'un des plus vieux schémas historiographiques : l'*origine*, le *déclin* et la *restauration* d'une idée. Mais cette idée de la tragédie comme origine de la création de l'opéra, abandonnée et sacrifiée ensuite à la vocalité et aux « pièces à machines » avant d'être restaurée au XVIIIe siècle par Gluck, puis, après un second déclin, par Wagner au XIXe siècle, n'était qu'une fiction, l'exemple même de la fécondité d'un malentendu. Les connaissances historiques étaient insuffisantes même au sein de la *Camerata* florentine où l'on chercha vers 1600 à reconstruire le drame antique, bien que ses recherches aient été portées par un philologue du niveau de Girolamo Mei[3]. Et comme seule une faible part de ce que l'on savait avait une portée pratique, tout cet épouvantail archéologique qu'on reconstituait avec effort se transformait en son contraire : un genre artistique moderne possédant ses propres lois formelles s'imposait avec une force calme et imperceptible malgré toutes

---

1. En français dans le texte.
2. Oscar Bie [Breslau, 1864-Berlin, 1938], historien et critique d'art, enseigna l'esthétique à la *Musikhochschule* de Berlin. La réimpression de ses livres fut interdite en 1933.
3. Girolamo Mei [Florence, 1519-Rome, 1594], humaniste italien, fit découvrir à la *Camerata Bardi* les conceptions musicales des Grecs anciens.

les tentatives de concevoir l'opéra comme un drame. Cette force, on peut soit l'accepter comme fondée dans la nature de l'objet même, soit la rejeter comme simple fardeau d'une convention. Si les efforts pour reléguer la musique à un rôle secondaire dans l'opéra au nom du « vrai drame » constituent la tradition idéologique du genre, la tradition d'un théâtre « né de l'esprit de la musique », apparaît en revanche comme réelle et véritablement effective, sans qu'elle ait besoin d'être légitimée sur le plan du drame par une dialectique du Comique ou du Tragique.

On savait bien au XIX⁰ siècle, sinon dès les XVII⁰ et XVIII⁰, que l'idée du rétablissement de la forme de la tragédie antique n'était qu'un fantôme. Wagner ne se libéra pourtant pas de l'idée de la Tragédie. Le fait que des motifs antiques, surtout issus d'Eschyle [1], se faufilent dans la mythologie nordique du *Ring des Nibelungen*, n'en est qu'un signe extérieur ; ce qui est décisif est la conviction de Wagner selon laquelle il devrait être possible de restaurer sinon la *forme*, du moins l'*effet* de la tragédie antique. Dans le rêve wagnérien de Bayreuth dont la réalisation concrète effraya Nietzsche, le public moderne se transformait en une communauté de fidèles. Et le trait caractéristique qui distingue un wagnérien orthodoxe d'un hérétique n'est pas tant son opinion sur la musique que le fait qu'il croit au caractère cultuel d'une représentation de *Parsifal* ou même du *Ring*.

Il existait une pâle variante de la pensée selon laquelle la restauration de la tragédie antique était l'idée fondamentale de l'opéra, l'origine et le *telos* de son histoire : c'est la thèse qui verrait dans les tentatives pour établir la primauté du texte sur la musique l'élément décisif des progrès dans l'histoire de l'opéra. Les programmes des réformes des XVIII⁰ et XIX⁰ siècles, les polémiques de Gluck et de Wagner contre la tradition, à laquelle on reprochait d'être devenue un

---

1. Dans la littérature wagnérienne, cet argument revient souvent notamment au sujet de l'*Or du Rhin*.

véritable capharnaüm, reposaient sur une conviction : le chant opératique était une forme supérieure de déclamation élevée ou ramenée au « langage originel de l'humanité »[1], et la musique devait, pour satisfaire aux exigences du drame musical, faire sens avec le texte à tout moment. Le langage musical a été enrichi et mieux différencié par la contrainte de suivre un texte dans ses moindres détails. Il faut s'en aviser avant de se permettre d'affirmer que, dans l'esthétique de l'opéra, rien n'a été plus trompeur que la mise sur le même plan du drame et du texte. En gros, la formule de Wagner, « parole et son » est, malgré le soutien que lui apporte l'autorité de son auteur, la ruine de toute interprétation de l'opéra. Rien n'est plus trompeur que le préjugé selon lequel le texte représenterait l'aspect dramatique d'un opéra, avec cette conséquence : un opéra serait d'autant plus dramatique qu'il s'ouvrirait plus largement aux exigences du texte. Car ce que l'on peut appeler le sens dramatique ou théâtral d'un opéra ne saurait se déduire simplement de son seul livret, mais est bien plutôt déterminé exclusivement par la rencontre de la musique, du langage, de la scène et de la gestuelle, et cette rencontre peut donner naissance à une dialectique ou même à une lutte d'influence dans laquelle le texte ne joue souvent qu'un petit rôle[2]. Confondre théâtre et déclamation est le *proton pseudos*[3] de la dramaturgie. Dans l'opéra, il y a plus important que les paroles : la situation que l'on voit et que l'on ressent, qui les fait naître.

Il semble que la seule caractéristique assignée au drame par tous les spécialistes d'esthétique, même lorsqu'ils se contredisent sur toutes les autres, est son caractère *antithétique*. Mais le concept d'antithèse peut désigner une infinité de possibilités différentes,

---

1. Voir *supra*, chapitre 3, p. 62.
2. C. Dahlhaus parle d'expérience, puisqu'il fut dramaturge au théâtre de Göttingen de 1950 à 1958, ayant obtenu ce poste grâce à une recommandation de Berthold Brecht.
3. Le « mensonge premier ».

allant du contraste grossier et bruyant aux dialectiques les plus complexes. Il est à peine besoin de mentionner que le contraste clair et distinct est l'une des catégories prégnantes de l'opéra. Il faudrait plutôt réfléchir au fait que le *contraste*, au lieu de représenter une catégorie de la forme dramatique et théâtrale, risque de n'être qu'un simple artifice superficiel de son arrangement, en vue de procurer à la consommation musicale le charme de la variété. Il ne serait probablement pas inintéressant en effet d'analyser les opéras de Meyerbeer[1] depuis les perspectives que nous propose l'industrie culturelle moderne, dont les antécédents remontent au XIXe siècle.

Par ailleurs, toutes les tentatives pour ennoblir à l'aide d'une dialectique sophistiquée l'opéra, ce théâtre de la facilité que Nietzsche méprise comme un « art de masse *par excellence* »[2], furent contrecarrées par sa tendance indéracinable à l'emphase. Le terme de « dialectique », compris au sens hégélien, signifie qu'une chose doit être décomposée en ses contraires afin de parvenir à elle-même ou d'être reconnue pour ce qu'elle est : dans sa forme première et immédiate, son essence est encore cachée et n'émergera que de son développement par antithèses. Une dialectique ainsi conçue est indéniablement analogue à la structure d'un mouvement de sonate – on décompose les thèmes dans la section de Développement, afin qu'ils réapparaissent, dans la Reprise, comme enrichis par des motifs distincts et liés d'une manière plus étroite que dans l'Exposition. Mais dans l'opéra ou le *drame musical*, des limites plus étroites sont imposées au développement discursif des idées musicales, quoi que Wagner ait pu dire du « dépassement »[3]

---

1. Giacomo Meyerbeer ou Jakob Liebmann Meyer Beer [Tasdorf, 1791-Paris, 1864], fut le compositeur d'opéra le plus joué au XIXe siècle.
2. En français dans le texte.
3. Dahlhaus reprend ici directement le vocabulaire de Hegel, à l'égard duquel Wagner fut pourtant critique.

de la symphonie dans le drame musical. Dans un opéra, un motif ou un thème ne doit pas dépendre d'un développement pour que son contenu soit perceptible, mais plutôt montrer dès son exposition tout ce qui est en lui. L'une des lois de la musique d'opéra est que *seul le présent compte*. L'excédent de signification que les *Leitmotive* wagnériens accumulent au cours d'une œuvre est moins dû au développement musical qu'au développement dramatique. Le fait que la dialectique musicale soit restreinte dans l'opéra est contrebalancé par les possibilités qu'impliquent la synergie et les conflits de composants hétérogènes. L'opéra étant une forme d'art composite, la *nouveauté*, c'est-à-dire la force motrice du développement historique, peut en effet se trouver tout aussi bien dans la musique que dans le texte, sur la scène, ou dans la manière dont on lie ces différents composants. Il serait faux de croire qu'une transformation de l'opéra, pour être révolutionnaire, doive nécessairement s'appuyer sur une profonde transformation du langage musical actuel, ou simplement aller à sa rencontre. Le type d'opéra réalisé par Berthold Brecht ou par Kurt Weill dans les années 1930 était indéniablement progressiste, et le malheur qui fit que son épanouissement fut arrêté peu de temps après par des interventions extérieures ne doit pas invalider leur revendication d'avoir été révolutionnaires [1]. Mais en déduire pour autant que la musique de *Mahagonny* ou de *l'Opéra de Quat'sous* puisse être considérée comme progressiste serait erroné. Brecht modifia certes les relations entre texte et musique ; mais ce qu'il ne modifia pas,

---

1. Berthold Brecht [Augsbourg, 1898-Berlin-Est, 1956], fut notamment dramaturge, metteur en scène, critique, et produisit une importante œuvre théorique. Il dut quitter l'Allemagne en 1933. Apatride depuis 1935, il prit en 1950 la nationalité autrichienne. Kurt Weill [Dessau, 1900-New York, 1950], dut quitter en 1933 l'Allemagne nazie qui brûla ses partitions. On doit à leur collaboration *l'Opéra de Quat'sous* (1927) et *Mahagonny* (1930).

et mit même à profit, c'était l'habitude du public de ressentir à l'opéra des émotions musicales plus conventionnelles qu'au concert. S'opposant à la conception d'une œuvre d'art totale dans laquelle, selon la visée de Wagner, les arts séparés s'associeraient sans se contredire et œuvreraient ensemble dans le même but, Brecht formula l'idée d'un théâtre musical dans lequel texte, musique, gestuelle et scène s'entrecouperaient et « se distancieraient » mutuellement. La distanciation est supposée rendre l'ordinaire *frappant* : nos habitudes quotidiennes, qui nous paraissent universellement humaines et donc si naturelles qu'il semble qu'il ne peut en aller autrement, doivent y être montrées comme quelque chose d'étrange, susceptible d'être modifié. D'après Brecht, cet universel *humain* n'est rien d'autre que le masque d'un état historique assez misérable pour légitimer la volonté de le changer. Le dicton de l'esthétique populaire faisant de la musique un langage humain universel et voulant que chaque situation exprimée par des sons soit ressentie comme si elle était universellement humaine est pris au mot par Brecht. Mais il le met au service d'une visée critique. Lorsqu'il altère au moyen d'un texte révélant des pensées mesquines une mélodie qui véhicule d'agréables sentiments, Brecht cherche à démontrer que les émotions, *l'universellement humain*, sont de simples masques pour les intérêts égoïstes. Mais il faut que la musique paraisse *aussi conventionnelle* que les sentiments qu'elle représente pour se prêter à cette distanciation par le texte. En d'autres termes, pour pouvoir jouer son rôle dans cette œuvre d'art progressiste, il faut justement que la musique soit régressive, c'est-à-dire aussi sentimentale que le prétend le dicton populaire. Texture et fonction divergent ici.

Inversement, un nouveau langage musical peut aussi se combiner à une forme opératique du passé. Bien que les débuts de la musique de Schoenberg remontent à la tradition wagnérienne, il ne peut échapper à l'oreille que la césure historique la plus profonde qu'on puisse imaginer [1] sépare *Moïse et Aaron* de Wagner. Il est pourtant indéniable que Schoenberg, comme Berg, reprit presque à l'identique l'idée du drame musical wagnérien selon laquelle la musique est un moyen pour servir le but du drame [2]. Bien que la conception schoenbergienne des relations entre texte et musique soit restée prisonnière de la tradition, sa langue musicale s'élève bien au-dessus de ce que permettrait son esthétique de l'opéra, si elle était suivie à la lettre. L'erreur de considérer la musique de Schoenberg comme la fin du Romantisme – quand elle ne vient pas d'une simple idéologie néoclassique, dictée par l'intérêt de se faire une place au soleil – provient probablement en grande partie de l'habitude de prendre trop à la lettre l'esthétique de Schoenberg, aux dépens d'une bonne compréhension de sa musique. Comme dans la conception brechtienne de l'opéra, mais en inversant les choses, les éléments progressistes s'opposent à ceux qui sont issus de la tradition, en une contradiction non stérile mais bien productive.

---

1. Le Dodécaphonisme.
2. C. Dahlhaus légitime cette fois encore sa perspective, qui consiste à lire l'ensemble de l'histoire de la musique et de l'Esthétique à partir du XIXe siècle.

chapitre 12
esthétique et histoire

> Nous avons appris à envisager les œuvres d'art comme des documents historiques, nous engageons tous nos moyens pour les déchiffrer et les interpréter de manière correcte, sans égards pour le plaisir esthétique qu'elles pourraient nous procurer : voilà, à mon sens, l'un des progrès majeurs des temps nouveaux (Philip Spitta [1]).

Philip Spitta [2], qui fut avec August Wilhelm Ambros [3] le plus grand historien de la musique allemand au XIXe siècle, salua ainsi en 1893, un an avant sa mort, la publication des *Denkmäler deutscher Tonkunst* [4]. Cette proposition programmatique, publiée dans la revue *Die Grenzboten* [5], sépare l'Esthétique de l'Histoire

1. Nous traduisons.
2. Philip Spitta [Wechold, 1841-Berlin, 1894], musicologue, professeur d'histoire de la musique à l'université de Berlin, marqua son époque par sa biographie de Jean-Sébastien Bach et son engagement en faveur de la rigueur des études historiques sur les musiciens.
3. Voir *supra*, chapitre 9.
4. Les « Monuments de l'art musical allemand » rassemblèrent des compositions des périodes baroque et classique de la musique allemande. Ouvrage publié de 1894 à 1952 chez Breitkopf & Härtel à Leipzig. Il s'agissait donc alors du lancement de ce projet.
5. *Die Grenzboten, Zeitschrift für Politik, Literatur und Kunst*, Hebdomadaire national-libéral paru de 1841 à 1922, ici, 1893, L11, II, p. 16-27.

avec une rudesse qu'on ne peut comprendre qu'en interprétant comme un geste de défense face à une difficulté menaçante. Spitta postule l'existence de distinctions claires et immuables dont la fonction semble être de préserver de tout *trouble* le jugement esthétique autant que le jugement historique. Envisagée en tant qu'objet du plaisir esthétique (selon ses propres termes), une œuvre d'art musicale ne saurait être un document sur l'état de la technique de la fugue au début du XVIIIe siècle, ou sur l'esprit du piétisme dans la musique : elle n'est qu'une œuvre d'art hors du temps, coupée des circonstances accidentelles qui l'ont engendrée. En retour, il suffit qu'on l'analyse comme un document historique, en tant que témoin d'une réalité qui a existé en dehors d'elle, pour qu'elle perde aussitôt son caractère d'œuvre d'art, tant et si bien qu'on peut dire, à la rigueur, qu'une « *histoire* de l'art sans art » se profile [1]. L'Histoire, chez Spitta, est dominée par une pensée du « développement », alors que la catégorie suprême de l'Esthétique est la *contemplation*, autrement dit la jouissance immédiate de l'œuvre dans l'oubli de soi-même et du monde. Toute tentative de synthétiser en un point de vue unique ces *disjecta membra* que sont, d'un côté, la recherche historique, et de l'autre, le plaisir esthétique, aurait été suspecte pour Spitta, qui y aurait vu l'essai d'une fusion forcée ou embrouillée d'éléments incompatibles [2]. C'est pourquoi il mettait l'accent sur ce qui discriminait, sur la différence entre les disciplines, avec une force décuplée par le fait

1. C. Dahlhaus anticipe ici les développements du chapitre 13, autour de l'entreprise phénoménologique et ontologique de Roman Ingarden.
2. C. Dahlhaus emploie à nouveaux frais un argument classique de la critique de l'analyse musicale – voire de la critique de la critique même, car c'était de cela qu'il s'agissait. Cet argument provient d'un texte de Schumann sur Berlioz (voir *supra*, chapitre 1). On le retrouve également sans mention explicite de Schumann dans le texte de Boris de Schlœzer intitulé « Critique de la critique » (NRF, 26e année, n°300, 1er septembre 1938, p. 472-477 ; texte repris intégralement dans « *Comprendre la musique*, Contributions à la *Nouvelle Revue Française* et à la *Revue Musicale* (1921-1956) », textes édités par T. Picard, Presses Universitaires de Rennes, 2011, p. 141-145, ici p. 142).

qu'à l'époque de la « Religion de l'Art », aux temps de Goethe et de Hegel, on avait insisté de préférence sur les analogies et les continuités, tandis que le XIXᵉ siècle finissant s'efforçait de s'en détacher en s'obstinant à suivre la ferme rigueur de la science. Chez Winckelmann [1] et Herder, le point de vue esthétique et le point de vue historique étaient des confluents. Autour des années 1800, ces deux disciplines, l'Esthétique et l'Histoire, consacraient leurs efforts au particulier et à l'individuel, servant ainsi de contrepoids au rationalisme dogmatique qui s'obstinait à mesurer le présent et le passé à l'aune des mêmes normes immuables : le naturel et le rationnel. On commençait alors à s'immerger dans ce qui ne pouvait être répété, affirmant les droits de *l'exception* contre la règle ou de *l'écart* face au général et à la répétition. À l'époque des premiers enthousiasmes de la découverte de l'individuel, on n'avait guère conscience de la distinction méthodologique que Spitta fit ressortir.

La mise en évidence de cette distinction était bien l'un des « progrès majeurs » de son âge, comme Spitta l'avait dit. Les jugements de l'histoire de la musique et ceux de l'Esthétique portent certes sur les mêmes objets, mais ils les envisagent sous un angle complètement différent, à partir de principes en quelque sorte opposés. D'un point de vue esthétique, on peut employer à juste titre des mots tels que « beau » ou « sublime » à propos d'un sujet de fugue de Bach même si l'on ignore *qui* l'a composé et qu'il était le fruit de l'évolution d'un *type* dont les antécédents remontaient aux débuts du XVIIᵉ siècle. Il semble donc que l'expérience esthétique soit, ou du moins puisse être totalement indépendante de la connaissance historique.

---

1. Johann Joachim Winckelmann [Stendal, 1717-Trieste, 1768], antiquaire et historien d'art allemand, fondateur de l'histoire de l'art et de l'archéologie modernes, fut un précurseur du néoclassicisme.

Ces deux aspects, que donc Spitta s'efforçait de distinguer avec le plus grand soin, par souci de rigueur scientifique et défiance de la dialectique, sont étroitement imbriqués dans les faits. Une analyse plus précise montre qu'il n'est pas rare que la connaissance historique repose sur des jugements esthétiques, et réciproquement. Le fait que l'histoire de l'art soit au nombre des disciplines historiques et qu'elle s'oriente selon leurs méthodes n'exclut nullement qu'elle soit contrainte de laisser l'Esthétique lui donner son propre objet. Un jugement esthétique tacite ou explicite se cache derrière la décision d'accepter qu'un morceau de musique relève de l'art ou de juger qu'il ne mérite pas d'être considéré comme tel [1]. Le canon des Classiques, des *classici auctores*, est le *présupposé* de l'histoire de l'art et non l'un de ses résultats [2].

Inversement, plus d'un jugement esthétique se fonde sur des considérations historiques. Qui pourrait nier que l'importance d'un morceau composé au XIXe ou au XXe siècle – sa « teneur substantielle », dirait Hegel – se réduit à fort peu de chose, à rien peut-être, si l'on y reconnaît le travail d'un épigone ? Notre sensibilité esthétique se hérisse lorsqu'un compositeur dérobe, pour ainsi dire, son langage à un autre. Si l'on concède que l'originalité (ou son absence) est bel et bien un critère de jugement esthétique – et même si on y attache très peu d'importance à titre personnel –, il faut bien admettre qu'il existe des expériences esthétiques englobant des connaissances historiques sans lesquelles aucun plaisir ne serait possible.

On ne saurait nier qu'un jugement établissant le caractère épigonal d'une œuvre soit *esthétique*, même s'il ne l'est qu'*en partie* : on ne saurait saisir ce caractère d'une manière simplement historique, ni s'en tenir exclusivement à la technique de composition. Qui s'en tiendrait au point de vue strictement historique pourrait tout

---

1. C. Dahlhaus réaffirme son attachement à l'Esthétique.
2. C. Dahlhaus montre à nouveau ses affinités avec la pensée de Hegel.

au plus constater que tel ou tel morceau de musique répète des choses qui ont déjà été dites, sans aller jusqu'à désigner ce caractère épigonal comme un *manque*. Par ailleurs, le jugement affirmant qu'une œuvre manque d'originalité serait très difficile à justifier en ne s'appuyant que sur la technique de composition, sans prendre en considération son époque d'origine, qui reste un marqueur historique. Peu importe qu'un pastiche impeccable soit une chose rare sinon inexistante : elle n'est pas *inconcevable*. Quelle que soit sa perfection, elle tomberait inéluctablement sous le verdict de l'*épigonal* et resterait une *nullité* esthétique. Le reproche d'*épigone* se situe donc à l'intersection d'éléments historiques et esthétiques indissociables.

Le critère d'originalité sur lequel se fonde un tel jugement n'est certes pas valable pour toutes les époques, puisque sa validité ne remonte pas au-delà du XVIIIe siècle. Il serait donc incorrect de dire qu'un motet du XVIe siècle est « épigonal », car on estimait alors que l'imitation des compositeurs exemplaires, des *classici auctores*, était un procédé légitime. Et qui sait si l'imitation artistique, si suspecte aujourd'hui, ne se verra pas réhabilitée dans un futur plus ou moins proche ? C'est fort improbable, mais non impossible, car l'Esthétique, dont l'originalité est un des critères, est bien elle-même un phénomène historique apparu au XVIIIe siècle, dont on ne saurait prédire la longévité.

Kant écrit dans la *Critique de la faculté de juger* que le « jugement téléologique » portant sur la fonction d'une forme sert de « fondement et condition » au jugement esthétique lorsque son objet est une œuvre d'art. On pourrait en dire autant, par analogie et à juste titre, au sujet du jugement historique. Qui juge banale une mélodie à base d'arpèges sur l'accord fondamental, sans être capable de la dater des débuts de l'époque classique, a tout aussi tort que celui qui reproche à un sujet de fugue son manque de *cantabile*, au lieu de le reconnaître comme tel, et d'établir ensuite s'il remplit ou non sa fonction. Si le jugement purement esthétique, qui apostrophe son objet en le qualifiant de « beau », reste bien loin du jugement cognitif, l'idée engendrée par une mauvaise lecture de la *Critique du Jugement* selon laquelle tout élément intellectuel, qu'il soit téléologique ou historique, trouble ou égare le jugement esthétique n'en est pas moins bornée. Il est vrai que ces éléments intellectuels ne sont que les « fondement et condition » de la contemplation esthétique, nullement son but ou son résultat. Mais le contenu de l'expérience esthétique resterait bien pauvre et misérable sans le secours de ces considérations téléologiques ou historiques qui en sont le présupposé indispensable. « L'immédiateté » peut bien être un attribut de la contemplation esthétique ; elle n'est pourtant pas aussi dépourvue de présuppositions que les thuriféraires de la naïveté aiment à le dire, et la naïveté même se dépasse d'ailleurs elle-même à partir du moment où elle se pose comme telle, réfléchit sur soi et se hérisse contre les excès d'intellectualité. L'ingénuité est un *but* et non un *commencement*, c'est une « immédiateté médiate », pour le dire avec Hegel. Or l'une de ses médiations est justement la connaissance historique. L'expérience « purement » esthétique, qui ne retient d'un objet que sa « beauté », n'est jamais qu'une pâle abstraction. Rien, dans la nature de la chose elle-même, n'obligeait Kant à la mettre en avant : il y vient par méthode et par logique (pour preuve, Kant parle de « culture », cet aspect capital pour lui, en portant l'accent sur la beauté « adhérente », plutôt que sur la beauté « libre »).

L'expérience esthétique pleine et entière implique l'historicité. C'est ce que prouvent par la négative l'incompréhension ou la mécompréhension d'une musique que l'histoire éloigne trop de nous, comme la polyphonie du XIVᵉ siècle : la contemplation esthétique n'est pas suffisamment indépendante pour ne pas être lésée, voire interdite par son étrangeté. (Le fait que certains auditeurs trouvent de l'attrait à l'*incompréhensible*, justement parce qu'il reste insaisissable n'est pas à exclure, mais il faut le mettre au compte des phénomènes périphériques sinon négligeables). Ce qui se révèle radicalement avec ces œuvres d'art d'un passé reculé, et de ce fait *étrangères* à nos habitudes, apparaît également mais avec une moindre évidence pour des œuvres plus proches de nous, que nous comprenons sans avoir l'impression de devoir faire un effort. S'il nous semble que cette musique familière peut se passer de tout commentaire – c'est-à-dire de l'effort d'une réflexion historique – c'est que sa substance intellectuelle et historique nous est évidente. Nous avons ainsi tendance à les ignorer, et à tomber dans l'illusion selon laquelle la contemplation esthétique est « immédiate et sans présupposés ». Les médiations historiques qui servent « de fondement et de condition » à la compréhension d'une symphonie de Brahms ou d'un drame musical de Wagner restent cachées, parce qu'elles embrayent sur des traditions que nous ne remettons pas en question[1]. Ces fondements et ces conditions sont pourtant bien à l'œuvre, et l'expérience esthétique s'enrichirait en s'avisant de leur existence. Le fait que l'« *immédiateté* seconde » soit le but ultime de notre attitude esthétique ne doit nullement être employé abusivement à titre d'argument en faveur de l'immédiateté « première » : ce genre de discours n'est en général, chez ceux qui le tiennent, que l'alibi de l'apathie. L'immersion dans une œuvre d'art, même si l'on s'y oublie, est rarement une expérience mystique au sens propre du terme, c'est-à-dire une contemplation extasiée et immobile : c'est plutôt un aller et retour entre contemplation et réflexion, et le niveau qu'on atteint dépend des expériences esthétiques et intellectuelles accumulées que l'auditeur apporte à son écoute, bâtissant le contexte dans lequel il insère l'œuvre qu'il contemple. Les éléments intellectuels ne sont pas un ingrédient

---

1. Voir *supra*, chapitre 11, p. 144, la manière dont Dahlhaus voit un lien entre le Schoenberg de *Moïse et Aaron* (composé en 1932 et créé en 1954) et le Romantisme.

superflu, car ils sont toujours déjà impliqués dans toute perception esthétique, qu'ils demeurent rudimentaires ou qu'ils soient bien développés. On ne voit donc pas bien ce que leur maintien à l'état primitif apporterait à l'Esthétique. Il est difficile de faire de la réticence au concept une garantie ou un gage de sensibilité esthétique.

chapitre 13
pour une phénoménologie de la musique

1.

> Qu'est-ce donc que le temps ? Si personne ne me le demande, je le sais bien ; mais si on me le demande, et que j'entreprenne de l'expliquer, je trouve que je l'ignore (*Quid est ergo tempus ? Si nemo ex me quaerat, scio, si quaerenti explicare velim, nescio*), Augustin, *Confessions*, IX, 14 [1].

La musique, « l'art du temps par excellence » (Gisèle Brelet [2]), n'est pas épargnée par les contradictions inhérentes au concept de temps qui ont plongé Augustin [3] dans l'inquiétude philosophique. Le présent, le maintenant, représente-t-il la seule effectivité du

1. Saint Augustin, *Confessions*, trad. fr. par Arnauld d'Andilly, Paris, Gallimard, 1993, p. 422. Nous avons corrigé la référence fautive au chapitre 17 donnée par Dahlhaus.
2. Gisèle Brelet, *Le temps musical. Essai d'une esthétique nouvelle de la musique*, Paris, P.U.F., 1949, p. 25. G. Brelet [Fontenay-le-Comte, 1919-La Tranche-sur-Mer, 1973], fut philosophe et critique musicale.
3. Père et docteur de l'église, Augustin d'Hippone ou Saint Augustin [Thagaste, 354-Hippone, 430], grand théologien et philosophe, écrivit également un important traité de musique.

temps entre ce qui n'est plus et ce qui n'est pas encore? Ou bien est-il à l'inverse une simple limite entre le passé et le futur et, à ce titre, un néant, un moment qui passe en survenant? Cette aporie qu'Augustin a mise en évidence dans le cas du son ou du bruit paraît insoluble. Edmund Husserl parvient à l'éviter en comprenant le « présent » non pas comme un maintenant ponctuel et fugitif mais comme un trajet dont l'extension dépend de la durée de son processus de remplissement, processus ressenti comme une cohérence sans faille. « La mélodie dans son ensemble apparaît comme présente tant qu'elle retentit encore, tant que retentissent encore des sons *qui lui appartiennent*, visés dans *un seul* ensemble d'appréhension. Elle est passée seulement après la fuite du dernier son »[1].

Par le concept ou l'intuition du *temps-durée*[2], du temps « vécu », qui ne passe pas régulièrement mais de façon tour à tour rapide et hésitante, Henri Bergson a cherché à reconstruire l'expérience originaire du temps, qui précède le *temps-espace*[3] ou le temps représenté spatialement. Et l'on a souvent prétendu depuis que la musique serait une forme d'apparition du *temps-durée*, une forme sonore du *temps-durée*. Pourtant, ces aspects que Bergson a abruptement séparés l'un de l'autre ne sont pas isolés mais donnés dans l'expérience comme liés par une interaction. Si le *temps-espace*, la succession vide de l'avant et de l'après, est une abstraction du *temps-durée*, les extensions et les contractions du temps vécu ne peuvent être saisies pour leur part que sur l'arrière-plan du temps spatial. Et le *temps-espace* et le *temps-durée* sont

---

1. Edmund Husserl, « *Vorlesungen zur Phänomenologie des inneren Zeitbewusstseins* », dans *Jahrbuch für Philosophie und phänomenologische Forschung*, IX, 1928, p. 398, trad. fr. par H. Dussort, *Leçons pour une phénoménologie de la conscience intime du temps*, Paris, P.U.F., deuxième édition, 1983, p. 55. Nous avons rétabli dans l'avant-dernière phrase les italiques omis par Dahlhaus afin d'en aider la compréhension.
2. En français dans le texte.
3. En français dans le texte.

tous deux à l'œuvre dans la musique comme cadre temporel et comme mouvement.

Au-delà de Bergson, il faudrait toutefois se demander si le temps n'est qu'un médium pour les processus qui se produisent en lui ou bien s'il est lui-même un événement qui progresse vers le présent à partir du passé ou qui, du futur, vient à la rencontre du présent. De même, la musique est-elle « dans le temps » ou a-t-elle au contraire « le temps en elle » ? Dans la littérature relative au *temps musical*[1] (une littérature où règne l'excès plutôt que le défaut), la question a reçu des réponses contradictoires, sans que leurs partisans aient été suffisamment conscients qu'ils utilisaient le terme « musique » en des sens différents. Quoi qu'il en soit, on peut lever la contradiction entre ces thèses si l'on fait l'hypothèse que les uns voulaient parler d'une œuvre musicale répétable alors que les autres visaient au contraire ses exécutions singulières non répétables. Selon Roman Ingarden[2], la musique exécutée est un objet « réal »[3], alors que la musique notée est un objet « purement intentionnel »[4]. Et la caractéristique de la structure temporelle correspond à celle de l'objet. La durée de l'exécution singulière est un laps de temps réal, non répétable. Au contraire, il y a une

---

1. En français dans le texte.

2. Roman Ingarden [Cracovie, 1893-1970], fut phénoménologue et s'intéressa en particulier à l'œuvre d'art.

3. *Realer*. En contexte phénoménologique, cet adjectif qui désigne tout ce qui de quelque manière appartient à la réalité spatio-temporelle doit être rigoureusement distingué de l'adjectif *réel*, qui renvoie quant à lui à ce qui, dans l'immanence de la conscience, relève du versant noétique et s'oppose aux composantes intentionnelles de cette même conscience. Pour éviter toute confusion entre l'ordre de la réalité transcendante et l'opposition, immanente à la conscience, du réel et de l'intentionnel, nous avons suivi l'usage courant des traductions françaises de textes phénoménologiques qui consiste à recourir au décalque « réal ».

4. R. Ingarden, *Untersuchungen zur Ontologie der Kunst : Musikwerk, Bild, Architektur, Film* (*Recherches sur l'ontologie de l'art : œuvre musicale, peinture, architecture, film*), Tubingen, Niemeyer, 1962, p. 101, trad. fr. par D. Smoje, *Qu'est-ce qu'une œuvre musicale ?*, Paris, Christian Bourgois, 1989, p. 147 *sq.*

durée immanente à l'œuvre notée, déterminée par l'extension et la succession des parties. De même que l'« objet purement intentionnel », parmi les caractères duquel elle compte, cette durée n'est pas localisée dans le temps réel, qui échappe à la répétition. L'œuvre notée, quant à elle, n'est pas liée à un quelconque *ici et maintenant*, mais elle est bien répétable. Par conséquent, si les exécutions singulières, les « réalisations » d'une œuvre, sont « contenues dans le temps », on peut dire, de façon exactement inverse, que l'œuvre notée « contient le temps en elle », étant précisé que c'est l'« œuvre elle-même » qui est visée par la notation, l'œuvre toujours identique dans toutes ses exécutions quelles que soient leurs différences du point de vue de la « réalisation » acoustique. Et le fait que le sens de la durée immanente soit précisément de devenir *réale* ne change rien à la différence qui existe entre ces formes temporelles.

Le lieu commun bien établi selon lequel la musique serait une « forme temporelle » ou encore du « temps mis en forme » ne dit rien de l'unité interne de la séquence sonore (unité que l'usage continuel du terme de « forme » semble parfois destiner à la compétence exclusive de l'école de psychologie dont il est l'emblème). La question, en l'occurrence, est de savoir dans quelle mesure cette unité est saisie ou constituée passivement et réceptivement, ou, à l'inverse, par les *activités* conscientes et spontanées du rassemblement, de la comparaison et de la mise en relation. Il n'est pas certain qu'il faille abandonner à la psychologie de la forme (dont les vues expérimentales relèvent du domaine de la psychologie de la perception) la tâche de distinguer ce qui est une « forme temporelle » de ce qui n'en est pas une. Tout se passe comme si les critères de la psychologie de la perception suffisaient bien à décrire l'impression produite par des séquences sonores de moindre envergure, mais pas à expliquer des ensembles musicaux s'étendant sur un temps plus long. Etendu à l'ensemble d'un mouvement de sonate, le terme de « forme » n'est qu'un mot creux, à moins qu'il ne soit l'expression d'un ressentiment à l'égard de l'analyse, qui serait à proscrire en tant qu'intrusion de la *ratio* dans le domaine présumé de l'irrationnel.

La perception musicale, qui est bien plus que la saisie de *data* acoustiques isolés, serait impensable si le passé immédiat n'était pas conservé. Husserl nommait « rétention » cette conservation et « protention » son opposé complémentaire, l'attente et l'anticipation de l'avenir. Alors qu'à la fin d'une période mélodique son commencement n'est plus donné intuitivement, il est pourtant conscient dans la mesure où la mélodie apparaît comme une unité, comme un décours achevé : dans la représentation musicale, la conclusion présente et le commencement passé semblent se tenir côte à côte plutôt que se distinguer l'une de l'autre comme une figure de premier plan se détache sur un fond estompé. La « rétention » produit pour ainsi dire un présent élargi : le point, le maintenant, s'étend spatialement. D'un autre côté, ce qui est perçu immédiatement rappelle parfois quelque chose d'antérieur, de semblable ou d'identique, séparé du présent par un laps de temps obscur, ayant sombré dans l'oubli. Dans l'écoute musicale, continuité et discontinuité se recoupent : si les parties qui se sont présentées successivement au cours de l'œuvre et qui ont ensuite été conservées rétentionnellement se rassemblent en un continuum, le souvenir qui rapporte un motif présent à un motif éloigné en l'identifiant comme son retour ou sa variation est bien, pour sa part, intermittent et discontinu. Mais ces deux aspects (la cohésion ininterrompue qui représente musicalement le flux du temps et la mise en relation de ce qui est éloigné) ne se contrarient pas plus qu'ils ne se gênent ; au contraire, ils se conditionnent et s'étayent mutuellement. Les sauts brusques de la mémoire sur lesquels compte la technique wagnérienne du *Leitmotiv* supposent à titre de support fondamental le continuum même qu'ils viennent briser. Inversement, quelque chose de passé qui échappe à la rétention immédiate est préservé de l'oubli complet par le recours à des motifs singuliers qui rappellent simultanément à la mémoire leur propre contexte musical[1].

Il est vrai que le rapport entre une variante motivique qui occupe le présent et le modèle qu'elle rappelle n'est pourtant pas « intuitif ». Les deux motifs ne sont pas « côte à côte » au sens où, représentée dans un *temps-espace* en lequel se serait figé le *temps-durée* originaire, la première moitié d'une période conservée rétentionnellement pourrait être dite « à côté » de la deuxième moitié qui, elle, est justement présente. C'est bien plutôt à travers la *variante* que le modèle est saisi, et il reste alors « abstrait », dans la mesure où il serait absurde de se représenter les motifs comme s'ils étaient pour ainsi dire acoustiquement en situation de « superposition photographique ». Le modèle est donc plus pâle que ne l'est une image rétentionnelle dans la mémoire. On peut ajouter que la relation en tant que telle, le fait de la similitude du modèle et de la variante, est plus distinctement consciente que la forme à laquelle la relation se rattache, à savoir le motif exposé précédemment dont est tiré ce qui est entendu présentement. Le fait qu'il y ait quelque chose comme une relation s'impose plus fortement que le *contenu* de cette relation[2]. Ce dont on se souvient, qui est rappelé et rendu de nouveau conscient, est localisé dans le présent mais porte encore la couleur du passé d'où il provient. Les dimensions temporelles sont intriquées les unes dans les autres.

2.

La musique est un objet, et pourtant n'en est pas un. Elle diffère du chant primitif, dépourvu de toute finalité : ce dernier se termine

---

1. Toute cette description phénoménologique refuse de séparer réception et création.
2. Le langage phénoménologique rejoint volontiers sous la plume de Dahlhaus celui de la tradition formaliste, notamment autrichienne.

mais ne conclut pas, si bien qu'on ne peut prévoir le moment où il va s'interrompre. Au contraire, une œuvre musicale présente une forme close : même un auditeur qui ne la connaît pas sait *a priori* qu'elle est voulue et doit être saisie comme un tout pourvu de limites fixes et d'une structuration déterminée. Par ailleurs, si vague qu'elle soit, l'attente d'une unité dans la multiplicité appartient à la chose même : elle appartient à l'objet intentionnel, pour parler le langage de la phénoménologie. Le fait que les perceptions singulières empiétant les unes sur les autres demeurent liées au lieu de simplement se *succéder* est bien le résultat d'une saisie globale, partiellement réceptive et partiellement spontanée : les sons s'assemblent en motifs, les motifs en périodes et les périodes en formes (musicales). D'un autre côté, cependant, un auditeur habitué à la musique savante présuppose toujours déjà la totalité d'une œuvre, même si elle lui est inconnue ; en conséquence, il conçoit ces moments singuliers comme les parties d'un ensemble anticipé qui les contient et, symétriquement, en procède.

Le tout d'une œuvre musicale, qu'il soit supposé ou anticipé dans une attente vide ou faiblement déterminée, n'est pas sans ressemblance avec le tout d'un objet visible : ce dernier est en effet donné d'abord au sein d'une vague impression d'ensemble, avant de recevoir progressivement une détermination plus précise grâce aux moments singuliers que l'observateur saisit successivement. Il ne serait pas moins fallacieux d'estomper ou de passer outre la différence entre un processus acoustique se déployant dans le temps et des choses données dans l'espace (ces choses dont la catégorie d'« objet » a été tirée par abstraction) que de nier que l'écoute musicale parte elle aussi de la *représentation* d'une forme achevée, à laquelle les moments singuliers sont rapportés comme s'ils étaient les moments déterminants d'un substrat. Le tout anticipé est donc un *analogon* du tout donné intuitivement. Grâce à un titre, il peut être déterminé plus précisément comme le représentant d'un type, par exemple celui de la forme sonate ou du rondo ; ainsi se trouve préfiguré un système de rapports sur lequel l'attente de l'auditeur peut s'appuyer.

Dans la mesure où l'on conçoit les œuvres musicales comme telles sans les réduire à des pots-pourris, le détail singulier actuellement perçu n'a aucune consistance en lui-même mais seulement comme moment d'un tout dont l'auditeur a conscience sur le mode de l'anticipation. Tandis qu'il saisit les parties singulières, son intérêt esthétique (qui opère et se réalise dans l'expérience du détail) est toujours déjà partiellement ou même en premier lieu orienté vers la forme d'ensemble. Et pour accéder à la plénitude musicale, les détails doivent être conçus comme autant de fonctions de cette forme.

3.

Si l'on suit la *communis opinio*, dont personne ne semble douter, la musique est un mouvement sonore, et l'expérience qu'il en est ainsi constitue le point de départ des théories de quelques esthéticiens de la musique au XXᵉ siècle, que Rudolf Schäfke a qualifiés d'« énergéticiens »[1]. Mi-phénoménologues, mi-métaphysiciens, ils font en effet remonter l'impression de mouvement produite par la succession des sons à une *énergie* hypothétique. Nommée « volonté » par August Halm[2] et « force » par Ernst Kurth[3], cette énergie serait à l'œuvre en tant qu'agent dans la musique et constituerait son essence secrète. Si la

---

1. Rudolf Schäfke, *Geschichte der Musikästhetik in Umrissen* (*Précis d'histoire de l'esthétique musicale*), Tutzing, H. Schneider, 1934, p. 394.
2. August Halm [Grossaltdorf, 1869-Saalfeld, 1929], compositeur, théologien et pédagogue, s'inspira d'Anton Bruckner dans son œuvre de compositeur.
3. Le Suisse Ernst Kurth [Vienne, 1886-1946], théoricien de la musique, fut notamment l'étudiant de Guido Adler. Centrée sur la psychologie de la musique, son œuvre reste encore méconnue.

représentation d'un mouvement s'impose certainement de façon incontestable à l'écoute de la musique, il reste difficile de la décrire et de l'analyser sans tomber dans la langue déroutante et tétanisante d'Ernst Kurth, une langue où des aperçus de psychologie et de théorie musicale se mêlent à des métaphores issues tantôt de la physique, tantôt de la « philosophie de la vie ».

Le phénomène du mouvement est étroitement lié à celui de l'*espace sonore*, qui est selon Albert Wellek [1] un espace irréel qu'on doit distinguer d'une part de l'espace réel dans lequel la musique est localisable à titre de son, et d'autre part des représentations spatiales qui sont suscitées par le contenu de nombreuses œuvres de musique à programme. L'habitude de parler d'« espace sonore » ne trouve pas son origine seulement dans le jargon des experts ; elle s'enracine aussi dans le langage ordinaire. Mais les dimensions qui constituent cet espace sonore, ses moments déterminants, dont la notation verticale et horizontale semble fournir l'image, ne sont évidentes ni par essence ni dans leurs relations mutuelles. Les différences entre les sons sont-elles des « distances » spatialement représentables ? Y a-t-il un sens à caractériser l'intervalle entre deux sons et leur durée respective comme deux « dimensions » et à mettre ces dernières en relation mutuelle ? Tout cela est moins évident que pourrait le penser un auditeur naïf, pour qui la terminologie et l'écriture de la musique européenne sont devenues une seconde nature en matière de perception des sons.

Comme le montre une observation impartiale, les sons, s'ils sont bien ressentis comme « aigus » et « graves », le sont aussi comme « clairs » ou « sombres ». Et dans l'Antiquité, les Grecs et les Romains les disaient même « pointus » ou « pesants » [2] (on peut laisser ouverte la question de savoir s'il s'agit là d'associations ou

---

1. Albert Wellek, *Musikpsychologie und Musikästhetik* (*Psychologie musicale et esthétique musicale*), Frankfurt a. M, Akademische Verlagsgesellschaft, 1963, Annexe.
2. On parle plutôt aujourd'hui d'« aigus » et de « graves ».

de caractères propres au phénomène, à la chose même). Par conséquent, de même qu'il serait assurément erroné de rejeter la représentation de la verticalité de l'espace sonore comme s'il s'agissait d'une simple fiction suggérée par la notation musicale, il devrait être indéniable que des aspects conventionnels s'y mêlent à des données naturelles. Le fait de percevoir en premier lieu les sons comme « aigus » et « graves » plutôt que comme « clairs » et « sombres » repose sur la mise au premier plan de l'une des appréhensions possibles contenues dans le phénomène.

L'habitude de parler du temps – et du temps représenté spatialement, du *temps-espace*[1] – comme d'une deuxième dimension de l'espace sonore n'est guère moins problématique. Car le temps lui-même et les processus musicaux qui se déroulent en lui sont irréversibles, tandis que la réversibilité des directions compte parmi les caractères distinctifs d'une dimension au sens strict du terme.

De même, il paraît difficile de se représenter un mouvement sans support. Mais le mouvement musical semble se passer de substrat. Affirmer que c'est le son lui-même qui se meut dans l'espace sonore serait de fait une hypothèse hasardeuse. Un son aigu succédant à un son plus grave est un « autre » son plutôt que le « même » son qui serait situé ailleurs. Le déroulement de la mélodie ne change pas la situation du premier son : c'est un deuxième son qui prend sa place. D'autre part, la tentative faite par Ernst Kurth pour hypostasier en une entité l'énergie cinétique qui « coule à travers » la musique et pour réduire les sons à de simples points de passage se compromet trop violemment et trop profondément avec la métaphysique pour avoir ici le dernier mot[2].

Il semble que les difficultés parfois labyrinthiques rencontrées par la tentative de décrire et d'analyser l'espace sonore et le mouvement

---

1. En français dans le texte.
2. Dans l'économie du propos de Dahlhaus, l'Esthétique est occasionnellement un outil contre certaines prétentions métaphysiques.

musical ne puissent être surmontées qu'en partant de l'hypothèse que dans le complexe des impressions d'espace et de mouvement, c'est le *rythme* qui représente l'élément premier et non pas, comme le supposait Kurth, la mélodie. Le mouvement rythmique, qui dans le système rythmique de la Mesure est déterminé par la durée, l'accent et le nombre de temps, est indépendant du mouvement mélodique (ou du moins il peut l'être), alors que le mouvement mélodique ne peut être séparé du mouvement rythmique. Quant au fait qu'on peut concevoir un rythme sans succession de notes alors qu'une telle succession sans rythme ne peut l'être, il signifie que le rythme constitue l'élément fondateur de l'impression du mouvement musical. Le temps, le *temps-durée* [1] consolidé en *temps-espace* [2], est la dimension primordiale de l'espace sonore, alors que la dimension verticale est secondaire.

En présupposant que la primauté revient au rythme, on rend compréhensible un phénomène dont l'explication reste délicate tant qu'on donne son autonomie à la dimension de la hauteur des sons, c'est-à-dire à l'impression que les différences entre les sons sont des distances. On a souvent remarqué que lorsque les sons résonnent ensemble dans des accords, le caractère d'éloignement spatial des intervalles est moins prononcé, voire tout simplement supprimé : soit parce que la coloration de la consonance ou de la dissonance recouvre et amoindrit ce caractère, soit parce qu'il n'est donné que de façon rudimentaire dans la simultanéité. Le psychologue du son Géza Révész [3] a même nié qu'il existe dans ces circonstances. C'est seulement dans la succession que l'impression d'une distance entre les sons, d'une dimension verticale

---

1. En français dans le texte.
2. En français dans le texte.
3. Géza Révész, *Einführung in die Musikpsychologie* (*Introduction à la psychologie de la musique*), Berne, Francke, 1946, p. 76 *sq.* G. Révész [Siófok, 1878-Amsterdam, 1955], fut un pionnier de la psychologie en Europe.

de l'espace sonore, devient distincte. Mais le fait que le caractère d'écart spatial et de profondeur semble, pour le dire prudemment, moins prégnant dans les accords que dans les séquences sonores pourrait s'expliquer de la façon la plus simple : moyennant l'hypothèse que la conception d'un *espace* sonore représente une abstraction du phénomène du mouvement musical, c'est-à-dire d'un mouvement dont l'élément fondateur (c'est-à-dire celui dont les autres dépendent) est l'élément rythmique. La dimension verticale, l'impression que les différences sonores sont des distances pouvant être représentées dans l'espace, ne se constitue que de concert avec la dimension horizontale. Et puisque dans le cas d'un intervalle simultané le mouvement et le rythme sont abolis, l'impression de distance et d'espace est elle aussi réduite, voire, si l'on donne raison à Révész, anéantie.

4.

Dans la polémique qui l'opposait à Nicolai Hartmann [1], Roman Ingarden a avancé une thèse sur la structure phénoménologique de la musique, selon laquelle la musique serait « unistratifiée », alors que la littérature serait « multistratifiée » [2]. Cette distinction demeure pourtant fragile. Reprochant à Hartmann de rendre la situation plus confuse avec sa propre terminologie, Ingarden soutient qu'il n'y a un sens à parler de strates dans une œuvre que si les éléments qui composent une strate 1) sont *constitutifs* pour toutes les œuvres de l'art qu'il s'agit de caractériser, 2) forment à eux seuls un *ensemble cohérent* qui imprègne toute l'œuvre et 3) sont nettement *séparables* des éléments des autres strates [3]. Bien qu'Ingarden ne les ait pas lui-même nommés ainsi, on peut désigner

---

1. Nicolai Hartmann [Riga, 1882-Göttingen, 1950], philosophe allemand, ayant notamment enseigné à Marbourg, Cologne, Berlin et Göttingen.
2. R. Ingarden, *Qu'est-ce qu'une œuvre musicale ?*, *op. cit.*, p. 35 ; trad. cit., p. 79.
3. *Ibid.*, p. 33 *sq.* ; trad. cit., p. 77.

ces critères comme ceux de la *généralité*, de la *continuité* d'une strate en elle-même et de l'*hétérogénéité* d'une strate par rapport aux autres. Les strates de l'œuvre littéraire, puisque c'est à partir d'elle qu'Ingarden a développé originellement et substantiellement sa théorie et sa terminologie [1], sont le *son du mot* (qui doit être distingué du matériau phonique dans lequel il se réalise quand on parle), la *signification* et l'*objet* représenté.

Il ne fait aucun doute qu'Ingarden a raison de distinguer entre les exécutions singulières et toujours différentes d'une œuvre musicale et l'œuvre en tant que telle, qui demeure « la même » dans toutes les modifications auxquelles elle est soumise. L'identité désignée et garantie par le nom d'*Eroica* ou de *Troisième Symphonie* [2] ne s'abolit pas dans la diversité des interprétations grâce auxquelles une composition reçoit une forme sonore réelle. L'œuvre est un objet « purement intentionnel », soustrait au temps, tandis que l'exécution singulière est réelle et liée comme telle à un *ici et maintenant*. Quant aux caractères qui dépendent de l'interprétation, à savoir les détails de l'articulation et de l'agogique ou encore le degré d'un *forte* ou d'un *piano*, on peut dire d'eux avec Ingarden qu'ils ne relèvent pas de l'œuvre elle-même et qu'ils n'en constituent donc pas non plus une strate (le principe de cette distinction n'étant pas affecté par le fait que la frontière qui sépare la composition de l'interprétation est historiquement variable et que la partition moderne représente à cet égard le dernier stade d'une évolution [3] dont le premier fut la notation de simples cadres pour des phrases musicales). La description de la musique comme « unistratifiée » n'a rien d'arbitraire ; on peut malgré tout rejeter cette caractérisation, même sans recourir à la terminologie et à

---

1. R. Ingarden, *Das literarische Kunstwerk*, zweite Auflage, 1960 ; trad. fr. par Ph. Secrétan *et alii* : *L'œuvre d'art littéraire*, Lausanne, L'âge d'homme, 1983.
2. Il s'agit évidemment de la même œuvre, composée par Beethoven et créée en 1805.
3. Voir *supra*, chapitre 2, p. 47 *sq.*

l'argumentation de Nicolai Hartmann, par une critique immanente qui se tient dans les limites des présuppositions d'Ingarden. Dans l'œuvre musicale, les différences entre phrase musicale et agencement des timbres, quantité et qualité, forme et fonction sont semblables aux différences entre les strates d'une œuvre littéraire ; cela ne veut pas dire pour autant que cette métaphore de la « strate » fournisse quand il est question de musique un terme adéquat.

La forme sonore d'une œuvre musicale, son instrumentation ou son effectif, font partie de sa composition depuis le XVII e ou le XVIII e siècle (cette évolution s'étant accomplie plus rapidement dans certains genres et plus lentement dans d'autres), alors qu'il s'agissait auparavant d'une question pratique d'exécution. Or, en tant qu'élément de l'œuvre elle-même, elle peut être séparée de la reproduction singulière et particulière de cette œuvre : il en va de même pour le *son* du *mot* qui, comme partie du matériel sonore variable par lequel il se réalise, constitue l'une des strates de l'œuvre littéraire. Par conséquent, si l'instrumentation appartient au texte musical, elle demeure toutefois suffisamment distincte de la phrase musicale pour être conçue, par analogie avec le son du mot, comme une strate à part entière. On peut concevoir une phrase musicale sans référence à l'agencement des timbres, et l'instrumentation peut être modifiée sans qu'il soit nécessaire d'intervenir dans la structure des phrases de l'œuvre. Ainsi phrase musicale et agencement des timbres représenteraient-ils deux strates de l'œuvre musicale remplissant les conditions, formulées par Ingarden, de la *généralité*, de la *continuité* et de l'*hétérogénéité* en regard des autres strates.

La différence entre qualité et quantité musicales doit être comprise de façon analogue. Les qualités, qu'elles soient mélodiques, harmoniques ou rythmiques, sont fondées sur des quantités en lesquelles elles ne se résolvent pas. Les degrés de consonance ou de dissonance ne seraient que des abstractions sans les intervalles sonores en lesquels ils apparaissent ; mais d'un autre côté, ils se distinguent des distances qui sont leur *fundamentum in re*[1] et forment par rapport à elles une strate à part entière. La distance en tant que *quantité* et le degré de consonance ou de dissonance en tant que *qualité* sont aussi hétérogènes que le son du mot et sa *signification* le sont dans le domaine de la langue.

Les qualités et les fonctions se lient inséparablement les unes aux autres au sein de ce complexe de phénomènes ou d'éléments partiels qu'on nomme le rythme musical, et il serait bien difficile voire tout simplement forcé de prétendre décider que le centre de gravité d'une mesure est affaire de *qualité* plutôt que de *fonction*. En revanche, il n'y a aucune équivoque quant à la différence entre les qualités ou les fonctions et les quantités ou les caractères mesurables qui les fondent. Car cette qualité ou cette fonction de *centre de gravité* d'une mesure peut être exprimée par des quantités différentes, par exemple par une modification de durée ou d'intensité. Si, dans une marche ou dans une danse, il est correct de marquer le centre de gravité de la mesure par un accent expressif, ce n'est pas le cas dans une pièce d'orgue : dans ce cas en effet, le centre de gravité ne peut se faire reconnaître autrement que par un léger ralentissement agogique, un ralentissement qui ne doit pas se faire remarquer comme tel mais être perçu qualitativement. Or cette variabilité dans l'exposition est le signe d'une hétérogénéité qui peut être conçue comme une différence entre des « strates ». À l'encontre de la thèse d'Ingarden, on peut donc dire que le rythme musical est « multistratifié ».

On ne saurait enfin nier la divergence entre un accord en tant que formation de sons et la fonction harmonique et tonale qu'il remplit dans le contexte d'une œuvre musicale du XVIIIᵉ ou du

1. « Leur fondement réel ».

XIXe siècle. Hugo Riemann [1], le théoricien le plus rigoureux de l'harmonie tonale, attribue la même signification (celle de sous-dominante), en *ut* majeur, aux accords *fa-la-ut* et *fa-la bémol-ré bémol* malgré tout ce qui distingue extérieurement leur structure sonore. Un abîme sépare ainsi forme et fonction.

Dans le cas de la littérature, les éléments distingués par Ingarden (le son du mot, la signification et l'objectité [2]) peuvent être présentés selon l'image d'une stratification. Mais soumettre au même schéma métaphorique les distinctions entre phrase musicale et agencement des timbres, quantité et qualité, forme et fonction (c'est-à-dire les différences qui constituent l'*analogon* musical des strates d'un texte littéraire) n'est pas justifié, même si notre tentative de réfuter dans sa propre langue la thèse ingardenienne de l'« unistratification » de la musique a pu nous y contraindre. Au sein du rythme, le clivage se laisse mieux décrire par les concepts de *quantité* et de *qualité*, tandis que dans l'harmonie, ce sont plutôt les concepts de *forme* et de *fonction* qui conviennent. Il ne semble pas pertinent pour autant d'identifier qualité et fonction ou au contraire de les ordonner en une « stratification hiérarchisée ». Qu'il soit vain de chercher à compter les « strates » d'une œuvre musicale n'y change rien : le principe de l'« unistratification » restera malgré tout une erreur indéniable.

---

1. Hugo Riemann [Gross-Mehlra, 1849-Leipzig, 1919], compositeur et musicologue allemand, est notamment l'auteur d'un célèbre dictionnaire de musique et de travaux sur l'harmonie tonale.

2. *Gegenständlichkeit*. Introduit par E. Husserl dès les *Recherches logiques* (1900-1901), ce terme sert à désigner les objets en un sens qui ne se réduit absolument pas aux choses perceptives mais englobe les objets idéaux (les nombres, les figures géométriques, etc.) et les essences, qu'elles soient syntaxiques (la conjonction, la disjonction, etc.) ou ontologiques et formelles (les cardinaux, les ensembles, etc.). Nous reprenons donc la traduction courante de ce terme en contexte phénoménologique, qui présente l'avantage d'éviter toute confusion avec l'objectivité comme propriété de la connaissance (*Objektivität*).

chapitre 14
critères

Qu'on se garde de confondre deux choses bien différentes, si l'on ne veut pas adresser à une certaine esthétique des reproches fondés sur une autre.

L'une est un jugement sensible de la part d'une nature cultivée, capable d'apercevoir perfection ou imperfection en matière de beauté, de manière sensible, c'est-à-dire vive, emportée, jouissant dans le ravissement. Cette esthétique ne restera jamais qu'un jugement *sensible*[1], une sensation confuse, et il faut qu'il en soit ainsi. Les âmes d'une telle nature, nous les appelons des génies, de beaux esprits, des gens de goût, selon le degré où ils la possèdent. Leur esthétique est un naturel, une évidence en matière de Beau.

Mais qu'en est-il de l'autre esthétique, celle qui est véritablement scientifique? Elle fixe toute son attention sur la sensation première, déchire les parties les unes après les autres pour les abstraire du tout. Il n'y a plus de belle totalité! C'est une beauté lacérée, mutilée en un instant. Elle épluche ainsi les parties séparées, réfléchit sur elles, les rassemble pour retrouver l'impression première, elle les compare. Plus elle réfléchit avec exactitude, plus elle compare avec

1. Nous rétablissons les italiques oubliés dans la transcription de la citation faite par Dahlhaus.

finesse, plus le concept de beauté devient clair. C'est pourquoi un concept clair de la beauté n'est plus en soi une contradiction : ce n'est tout simplement rien d'autre qu'une chose *pleinement différente* de la sensation confuse de cette même beauté. (Herder, *Sämtliche Werke*, IV, 24 [1]).

Cette tentative de légitimer l'analyse psychologico-esthétique repose chez Herder sur l'ambition de soumettre l'Esthétique à un régime de séparation des pouvoirs. La sensation-intuition immédiate (« sensible, c'est-à-dire vive, emportée, jouissant dans le ravissement »), si elle a l'avantage de saisir l'œuvre comme un tout, ne dépasse jamais en revanche ce stade que Herder, suivant Alexander Baumgarten [2], qualifie de « confus ». Dans le jargon de la philosophie académique du XVIIIe siècle, ce terme technique désigne une impression non-réfléchie et dépourvue de concept, ce qui d'ailleurs n'exclut pas qu'elle soit « claire ». Avant de parvenir à une représentation « distincte » (« distinct » étant le contraire de « confus »), il faut procéder à une analyse conceptuelle. Or, cette opération brise et morcelle aussitôt la totalité sans coutures qui était donnée à la sensation et à l'intuition immédiates. L'analyse « déchire les parties les unes après les autres pour les abstraire du tout ». Cependant, l'analyse est loin d'être à son tour un niveau indépassable : elle n'est pas le but ultime de l'expérience esthétique. Elle doit plutôt être comprise comme une « méthode », au sens étymologique du terme, à savoir comme un parcours, comme un chemin qui mène à l'objet par un détour. Si l'intuition, cette impression primordiale qui ne se prête pas à être figée comme telle en raison de son immédiateté même, a tendance à se sublimer

---

1. Plus précisément : J.G. von Herder, *Kritische Wälder*, « Viertes Kritische Wäldchen über Riedels Theorie der schönen Künste », I, *op. cit.*, p. 269-270. Ce texte est dirigé à l'origine contre l'esthétique sensualiste de Friedrich Justus Riedel [1742-1785]. Nous traduisons.
2. Voir *supra*, chapitre 1, p. 36 *sq.*

dans la réflexion, la réflexion, à son tour, aspire à se dépasser dans l'immédiateté seconde de l'intuition.

On pourrait reprocher à l'analyse (que Herder qualifie d'esthétique « scientifique » pour la distinguer de l'esthétique « naturelle ») de déformer ou de vider de sens les impressions qu'elle s'efforce de pénétrer pour en saisir le contenu et le déterminer. La formulation en termes de jugements réfléchis – où c'est la raison qui s'exprime –, semble inadéquate à ces expériences esthétiques naissant chez l'auditeur lors d'instants où la contemplation musicale tend à s'oublier. En matière d'art, et dans bien d'autres domaines encore, l'opinion commune est disposée à se méfier de l'intellect, qui perturberait une jouissance non-conceptuelle. L'intellect ne saisirait alors qu'un pâle reflet de ce qui été donné dans l'expérience initiale. Mais on pourrait objecter au préjugé selon lequel la transformation de ces impressions immédiates en impressions réfléchies reviendrait à les appauvrir ou à les dessécher, qu'il s'appuie lui aussi sur la réflexion. L'intuition originaire s'ignore elle-même : c'est la réflexion qui construit l'idée qu'on se fait d'elle, celle d'une jouissance esthétique s'opérant « de manière sensible, c'est-à-dire vive, emportée, jouissant dans le ravissement ». Cette immédiateté à présent perdue, condition à laquelle une culture faisant son autocritique et fatiguée d'elle-même aimerait revenir, il ne serait pas illégitime de soupçonner qu'elle soit rudimentaire, vague, partiale et privée du but imaginaire de la nostalgie, de ce contenu latent, encore replié sur lui-même. L'immédiateté véritable n'est pas celle qui est *première* (ce paradis perdu qui n'en était pas un), mais celle que la médiation de la réflexion fait *seconde*[1]. « L'origine est le but », et non le point de départ, pour reprendre une formule de Karl Kraus[2].

---

1. Voir *supra*, chapitre 12, p. 150.
2. Karl Kraus [Gitschin, 1874-Vienne, 1936], essayiste, satiriste et pamphlétaire autrichien, fut également l'auteur de nombreux aphorismes.

La réflexion esthétique a une visée critique. Or, toute tentative d'esquisser une théorie de la critique (ou de montrer qu'il serait possible d'en fabriquer une, pour peu qu'on s'y applique) se voit paralysée par la formule toute faite prêchant la relativité des jugements esthétiques, ce lieu commun toujours à la disposition de ceux qui tentent d'échapper aux conséquences de leurs propres prises de position, ou de celles des autres. On dit que la relativité de la critique implique sa vanité. Peu importe le fait que l'idée du caractère arbitraire et relatif des jugements esthétiques soit biaisée : cela ne la rend pas pour autant plus facile à réfuter. Car la formule affirmant la relativité de tout jugement, comme celle selon laquelle il est impossible de « sauter plus loin que son ombre », fait partie de ces thèses fausses en elles-mêmes, mais confirmées par les conséquences qui découlent de la foi qu'on leur prête. La critique qui se sent exposée à une censure hargneuse tend à l'inconsistance que lui prête un préjugé trop répandu.

C'est sans aucun doute l'un des effets les plus dommageables de cette formule toute faite sur sa relativité, qu'elle empêche ou du moins inhibe la formation d'une tradition critique consciente d'elle-même. Aux jugements esthétiques manqueront dès lors cohérence et continuité. En somme, ils se présenteront toujours à nous comme s'ils venaient, pour ainsi dire, de nulle part, quand il ne serait pourtant pas bien difficile de mettre à jour leurs présupposés. S'ils restent presque toujours inexprimés, on peut en déduire qu'ils n'ont pas fait l'objet d'une réflexion, ou que celle-ci n'a été que superficielle. Mais on ne saurait mesurer le possible à l'aune de ce qui existe, et l'on ne voit pas bien pourquoi il serait impossible ou inconcevable que les jugements singuliers puissent être rattachés à leur contexte dans le domaine de la critique esthétique, à la manière dont procède la Philologie historique (ou d'une manière proche) : on y dédaigne et on y accuse de dilettantisme les affirmations ignorant ce qui a été dit précédemment sur un même objet, en dépit de leur éventuelle ingéniosité.

On aura beau répéter à l'envi l'objection selon laquelle il suffirait d'étudier l'évolution de la littérature portant sur Bach ou Beethoven pour se résigner à cette conviction que le jugement esthétique en général nous en dirait moins sur la chose elle-même et sa teneur que sur la personne qui le formule : elle n'en perdra pas pour autant son inexactitude ou sa vacuité. Car, *en premier lieu*, ce chaos d'opinions n'est pas un état définitif. Il faut bien dire qu'il n'est pas rare qu'il ne soit qu'apparent, naissant d'un choix fallacieux d'exemples érigés en paradigmes et d'une réflexion insuffisante sur les causes et la signification de la divergence des opinions dans le domaine esthétique. Il faut comprendre ce chaos comme la conséquence de l'absence d'une tradition critique. Et comme nous l'avons dit, ce manque de continuité ne tient pas à la *nature* de l'objet, mais s'explique par le préjugé hostile qui l'embrouille.

En second lieu, le scepticisme à l'égard des jugements critiques, censés s'annuler mutuellement par leurs contradictions, repose dans une large mesure sur une lecture superficielle ; ce scepticisme qui se donne des airs détachés n'en laisse pas moins une impression de hargne et de banalité. Un lecteur s'engageant dans la critique au nom d'un intérêt dépassant ces jugements abstraits que sont l'*éloge* et le *dénigrement*, et soucieux de saisir les arguments et ce qu'ils impliquent, devra constater que la divergence entre les opinions a pour origine des présupposés et des concepts fondamentaux divergents, tant et si bien que des efforts dialectiques sont absolument nécessaires à leur confrontation. Les protagonistes de ces jugements semblant se contredire parlent chacun pour son propre compte : ce dialogue entre les critiques dont les sceptiques pensent qu'il est sans issue… n'a en réalité jamais eu lieu. Il est donc vain d'opposer les différentes opinions les unes aux autres, comme si elles se contredisaient[1] ; il serait au contraire beaucoup plus utile de découvrir ou de construire le système de leurs concepts, qui permettrait d'exploiter l'arrière-plan des jugements individuels afin de relier entre eux les présupposés sur lesquels ils s'appuient. On décèlerait alors s'ils sont conciliables ou non, et l'on verrait dès lors que les contradictions soulignées par le scepticisme à l'égard de la critique sont bien plus complémentaires qu'exclusives. Il est bien exagéré, *troisièmement*, d'affirmer pour se rassurer que l'histoire des critiques de Bach et de Beethoven ne donne à lire que l'alternance des différents présupposés qui ont tenté, quel que soit le moment, de se libérer de ceux de l'époque antérieure par la *polémique*. Ce type d'exagération, au lieu de stimuler la pensée, la paralyse. Malgré l'évidente variabilité des jugements selon les époques, il reste indéniable qu'un goût partial ou empli de préjugés ne constitue pas toujours un simple manque empêchant un jugement d'ensemble équitable sur le passé : il peut aussi devenir un *avantage* en tant que condition préalable à des perspectives qui n'auraient pu prendre à une autre époque une force et une précision comparables. La critique romantique, qu'il était de bon ton de calomnier au cours des dernières décennies, découvrit dans Bach et Beethoven des aspects qui seraient forcément restés mystérieux en ce siècle, s'il n'avait eu que sa propre substance pour s'alimenter. La teneur de vérité d'une connaissance, autrement dit sa *validité*, s'étend bien au-delà du temps de sa genèse. Et ces idées enracinées dans les préjugés d'une époque, « idoles » classifiées et moquées par Francis Bacon[2], ne sont pas forcément les pires. Le fait que l'origine de bien des idées soit *trouble* ne doit pas

---

1. Ce qui manque à une juste considération de la critique, c'est selon Dahlhaus une prise en compte des véritables intentions des auteurs, qui ne relèvent pas nécessairement de la « polémique ». Dahlhaus fut lui-même critique musical de 1960 à 1962.
2. Francis Bacon [Londres, 1561, Highgate, 1626], homme de science et philosophe anglais, défenseur de la méthode expérimentale et père de la pensée scientifique.

empêcher de les prendre pour ce qu'elles sont, c'est-à-dire des intuitions, ni de mettre au jour leur contenu, au lieu de se borner à les réduire pour le malin plaisir du *soupçon* aux préjugés qui furent certes l'une des conditions de leur formation. En critique, comme en art, tout n'est pas possible à n'importe quelle époque. Le fait que bien des découvertes des siècles précédents seraient au-dessus de nos forces actuelles ne doit nullement nous empêcher de préserver les résultats acquis par le passé[1]. Nul besoin de partager les hypothèses de ces époques révolues, ni de vénérer leurs idoles pour pouvoir participer aux révélations qui leur reviennent. Et l'espoir d'une continuité dans le domaine esthétique de la critique se justifie par la seule expérience commune qui nous montre que les connaissances se conservent plus facilement qu'elles ne se gagnent.

Quatrièmement, les critiques légitimes et non purement occasionnels s'accordent sur l'essentiel, c'est-à-dire sur le rang attribué aux œuvres, plus souvent que ne le veut ce préjugé qui n'attend de la critique que des *contradictions* afin de fonder son reproche sur les signes de son inconsistance. Ce qui est décisif, ce ne sont pas les différences de goût, mais un certain niveau : celui de l'objet, tout d'abord, et celui des présuppositions à partir desquelles la critique argumente, qui dépend du précédent. Tout le reste n'est qu'explication. Même la conviction selon laquelle une œuvre est un désastre pour l'Esthétique – position assumée par la critique hanslickienne de Wagner – a moins de poids qu'un doute sur le fait qu'une composition ait bien le caractère d'une œuvre d'art. Et la véhémence même dont on use dans la polémique plaide plutôt en faveur de l'objet visé que contre lui : ce qui est raté et n'a rien à dire ne provoque aucun des zélotes qui prédisent la mort de l'art. Selon Novalis, « la critique d'une poésie est une aberration.

---

1. C. Dahlhaus semble faire référence à la seconde *Considération intempestive* de Nietzsche.

Il a beau être difficile de décider que quelque chose est de la poésie, c'est pourtant la seule question qui puisse se poser »[1]. L'expérience ou la culture esthétique dont dispose un critique se révèlent dans ses raisonnements, et rien ne serait plus faux que de les sous-estimer. Ce qui fait cependant de lui un critique, c'est la capacité de séparer l'art de ce qui n'en est pas. Une décision quant au caractère d'art d'une œuvre présuppose néanmoins, pour n'être pas inconsistante, que le critique soit conscient des profondes différences entre les instances supérieures de l'Esthétique : ces idées esthétiques qu'on ne saurait réduire les unes aux autres, et qui entrent parfois même en contradiction. Ce qui peut sembler un manque du point de vue de la perfection, peut être très important depuis celui de la grandeur. Et rien n'a tant discrédité la critique que l'effort violent, dicté par l'obsession systématique visant à réunir toutes les déterminations possibles de l'œuvre d'art au moyen de l'idée centrale de *beauté*, ou même de toutes les en déduire. La vanité, pour ne pas dire l'absurdité d'un tel effort demeura cachée à une époque dont la pensée était prisonnière, pour l'Esthétique, des normes du Classicisme, et pour la méthodologie, de la tendance au système[2]. La conviction selon laquelle la mise en système des pensées garantit ou même fortifie la vérité des idées fait partie de ces utopies du XIXe siècle que le XXe a brisées. Notre estimation de l'influence de l'esprit d'une certaine époque n'y change rien : il reste difficile de comprendre comment on a pu méconnaître le fait que les idées esthétiques ne forment pas un système hiérarchique, mais se côtoient, hétérogènes et irréductibles les unes aux autres[3]. La tentative de les soumettre à une idée supérieure, celle du Beau, et de concevoir les différences

---

1. Nous traduisons.
2. Voir *supra*, chapitre 8, p. 110.
3. Dahlhaus défend ainsi une perspective pluraliste.

entre elles comme de simples modifications, trahit une méconnaissance de leur essence.

Il faut en effet presque se faire violence pour ramener à son esprit et pour penser sans dépit ni impatience les problèmes cachés dans ces idées esthétiques dont la ruine à été entraînée par l'effondrement des systèmes. L'Esthétique parle une langue usée. On ne saurait parler ingénument de beauté, de perfection, de profondeur ou de grandeur sans douter que notre propre vocabulaire ne soit que pure rhétorique. Il suffit de prononcer ces mots pour s'inquiéter tant ils sonnent creux. Une tentative de déterminer à grands traits ce qui fait la différence entre la « grandeur » et la « perfection » serait pourtant moins superflue que ne le croient ceux qui laissent à la timidité et au dégoût le soin de prescrire leurs réactions face à des mots emphatiques.

L'image d'une monade fermée sur soi tout en symbolisant pourtant un monde entier s'impose quand on veut décrire ce qui est parfait, en musique comme en poésie. Ce qui est parfait est, selon un mot de Tieck, « un monde isolé en soi » dans lequel tout moment extra-esthétique, toute réminiscence biographique ou historique constituerait une perturbation sensible. Il semble cependant qu'il soit dans la nature même de la grandeur musicale d'aspirer à s'élever au-dessus des limites de la musique, du « pur acte sonore », pour le dire comme Hegel. Le poème symphonique constitua au XIXe siècle une tentation permanente pour la symphonie, la grande forme de l'époque. Et l'ouverture à des éléments extra-esthétiques va de pair avec l'idée d'un sujet parlant à travers l'œuvre, qui sera plus évidente pour une « grande » œuvre que pour une œuvre « parfaite ». Avec des œuvres comme celles de Beethoven, Wagner ou Mahler, il sera difficile, et sans doute inadéquat de ne pas penser, par pur pédantisme esthétique, au compositeur en tant que personne, quand bien même ce serait, pour reprendre une distinction kantienne, le sujet intelligible et non le sujet empirique qui semblerait s'adresser aux auditeurs à travers la musique. L'idée d'une histoire de la musique *sans noms*[1] s'enracine dans le Classicisme, dont l'esthétique gravite autour de la catégorie du « parfait », instance opposée à celle du « grand ».

Bien qu'un tel critère puisse vite paraître béotien, la *grandeur* musicale ne saurait être indépendante de l'étendue extérieure et du format de l'œuvre ; on l'imagine difficilement appliquée à l'espace restreint d'une Invention ou d'un Lied strophique. De plus, pour que naisse une grande composition, il ne suffit pas qu'elle associe la richesse des formes musicales et des caractères à la densité des combinaisons motiviques manifestes ou latentes. Les grandes formes – qui n'existaient pas en musique avant le XVIII e siècle et le plein développement de l'harmonie tonale, exigent encore de la part du compositeur l'exercice d'une maîtrise autoritaire « de grandes étendues », pour ainsi dire, comme le firent Beethoven, Wagner ou Mahler, parfois au détriment des détails de la musique. Ce n'est donc pas un hasard si le nombre de symphonies qui furent écrites au XIX e siècle est plus faible qu'on aurait pu le supposer en partant de l'hypothèse selon laquelle la symphonie serait la forme instrumentale représentative de cette époque.

La musique jetée sur le papier d'une main légère, comme celle de Rossini ou d'Offenbach, peut être parfaite, mais le terme de « grandeur », si on l'appliquait au compositeur du *Barbier de Séville* (qui surpasse celui du Grand Opéra *Guillaume Tell*), serait un *epitheton ornans* bien vide. Si on l'emploie bien pour caractériser quelque chose et non simplement pour flatter, le concept de *grandeur* musicale se lie à l'idée de monumentalité aussi bien qu'à celle de difficulté et d'accessibilité non-immédiate. Mais cette double association est précaire ; le chœur d'ouverture de la *Passion selon Saint-Matthieu* associe ces deux idées d'une manière

1. Voir *supra*, chapitre 12, p. 146.

incomparable, quand Haendel (par exemple) d'un côté, et Webern de l'autre, en représentent les extrêmes. Si la forme du déclin de la perfection est l'épigonal, celle de la *grandeur* est l'hybride.

Les principes du jugement esthétique, autant que les œuvres d'art elles-mêmes, portent le sceau de l'époque dont ils sont issus et en montrent la signature. L'idée qui domine presque sans partage ces dernières décennies, selon laquelle l'œuvre d'art devrait être jugée à partir d'elle-même et mesurée à son aune, qu'elle ne partage avec aucune autre, implique du point de vue historique le déclin des types et des genres ou leur perte de substance, déchéance caractéristique de l'histoire de la musique du XIX e siècle. Dans la Nouvelle Musique, où s'accomplit l'émancipation de tout « type », de toute structure individuelle, la forme singulière est pratiquement livrée à elle-même : elle se tient à l'écart, par elle-même, sans appui sur un quelconque schéma qui la restreindrait ou la renforcerait. Selon un mot de Stravinsky, le compositeur doit créer lui-même les contraintes dont il a besoin.

Le principe de l'interprétation immanente est, en soi, dialectique. Il représente l'ultime conséquence de la méthode historique, et en même temps son renversement en l'extrême opposé. La « relation immédiate avec Dieu » que l'historicisme du XIX e siècle attribuait à chaque époque [1] fut revendiquée pour chaque œuvre individuelle par le *New Criticism* [2] du XX e siècle. Le *New Criticism* postulait que tout trait d'une œuvre d'art, des détails à leurs relations, jusqu'à la totalité qu'ils engendrent et qui les contient, pouvait être compris à partir d'une loi formelle spécifique à l'œuvre, sans considération des types et schémas légués par la tradition. Si on

---

1. Formule de l'historien allemand Leopold von Ranke [Wiehe, 1795-Berlin, 1886], dont l'objectif était de montrer que toute époque ou toute civilisation est un objet d'étude égal en droit.

2. Courant d'analyse littéraire américain inspiré par le formalisme, dont l'influence s'exerça surtout entre les années vingt et soixante. John Crowe Ransom, T.S. Eliot et Monroe Beardsley comptent parmi ses figures marquantes.

le pousse à l'extrême – à un point qui ne saurait être atteint en pratique –, ce postulat implique qu'on extraie la forme singulière de l'œuvre de son contexte historique. Porter l'accent sur la pensée historique a pour effet l'isolement anhistorique de l'œuvre singulière. L'interprétation immanente tente de rendre justice à l'œuvre d'art en tant qu'*individuum*, alors que la critique rhétorique qui domina jusqu'au XIXᵉ siècle était gouvernée par les genres et les styles. L'individuel était mis en relation avec le type qu'il représentait ou avec le type dont il se détachait en tant que modification caractéristique[1]. En 1850, des historiens comme Brendel et Köstlin considéraient encore l'histoire, bien qu'elle soit faite par les hommes, comme une histoire naturelle ; ils restaient convaincus qu'un genre était comme un organisme : au sommet de son développement et de sa croissance, il atteignait l'objectif fixé d'avance par la nature. Il était donc bien légitime d'abstraire une norme musicale, à partir du *point de la perfection*[2] que représentent Palestrina dans l'histoire de la Messe ou Haendel dans celle de l'Oratorio.

L'extinction de la théorie des genres musicaux, qui a cédé à l'interprétation immanente la place qu'elle occupait depuis l'Antiquité, semble avoir plongé le jugement esthétique dans une crise dont les signes les plus visibles sont l'incertitude et l'arbitraire des justifications apportées. Ce qu'on présente comme une argumentation n'est dans bien des cas qu'une simple paraphrase ou un vague sentiment se rapportant à la réussite ou à l'échec de la musique, qu'il est difficile d'expliquer et de préciser à partir de la technique compositionnelle, quand c'était encore possible aux siècles précédents grâce à l'ancienne théorie des genres. Mais la relation entre interprétation et jugement esthétique reste complexe. S'il semble d'une part que le jugement de valeur, difficilement

---

1. Voir *supra*, chapitre 2, p. 53.
2. En français dans le texte.

concevable sans une comparaison entre l'objet donné et tel autre écouté précédemment, soit suspendu et dépassé par l'exigence de comprendre une œuvre d'art à partir d'elle-même sans aucun présupposé, il faut aussi souligner d'autre part qu'une décision quant à l'appartenance à l'art ou non a déjà été prise implicitement, et que l'interprétation explicite peut être comprise comme sa justification et sa motivation. Une œuvre insignifiante et futile échappera à une méthode développée à partir d'œuvres ésotériques, d'accès difficile. Cette méthode ne trouvera de plus aucun point d'ancrage dans les œuvres banales. Ce qu'on pourrait en revanche lui reprocher, ce serait son embarras face à des formes simples, et pourtant parfaites. La thèse de Hans Mersmann [1], qui voit dans la possibilité d'analyser une œuvre musicale un critère de sa valeur, se trouve dans une impasse, butant d'un côté sur la chanson populaire, et de l'autre sur la *noble simplicité* [2] du Classicisme.

L'idée selon laquelle la chose la plus différenciée serait toujours la meilleure est trop sommaire pour rendre raison de la réalité musicale. Ce n'est peut-être pas une réaction inadéquate aux tendances simplistes dénonçant comme incompréhensible tout ce qui est compliqué ou déduisant les jugements esthétiques de tests psychologiques où les volontaires échouent face à toute forme compliquée. Il suffit d'invoquer l'appel à une subtilité croissante, qui constitue un progrès, pour combattre ces démonstrations béotiennes. Apologie et polémique mises à part, il semble clair qu'à toutes les époques prédomina l'effort de maintenir un équilibre entre la complexification de certains aspects, et la simplification de quelques autres (et la musique de Webern ne fait pas exception).

---

1. Hans Mersmann [Potsdam, 1891- Cologne, 1971], musicologue allemand, défenseur de la Nouvelle Musique, fut notamment professeur à la *Technische Hochschule* de Berlin, suspendu d'enseignement par les nazis en 1933.
2. En français dans le texte.

La simplicité (l'unité métrique ou la limitation du nombre d'accords possibles) a toujours constitué un soutien et une toile de fond pour la complexité des détails rythmiques ou des relations harmoniques et tonales. Quand les compositeurs n'avaient pas eux-mêmes recherché une compensation diminuant l'effort de l'écoute musicale, c'était le public qui laissait de côté une composante de l'œuvre – comme l'Harmonie, par exemple dans la musique de Bach – pour se concentrer sur un autre : la Polyphonie.

Arnold Schoenberg reconnut en ce principe de compensation ou d'économie une réalité de l'écoute musicale et une tendance validée par l'Histoire, mais il refusait d'en faire une instance de jugement esthétique. C'est en anticlassique que pensait Schoenberg, jugeant suspecte la voie médiane, comme « le seul chemin qui ne mène pas à Rome ». Sa thèse était au contraire que la musique devait se développer de manière égale dans toutes les dimensions, afin d'échapper à l'incohérence. Il s'appuyait sur le fait incontestable que chaque aspect de la composition – mélodie, contrepoint, harmonie, rythme – est lié aux autres de manière indissoluble, et ne devient ce qu'il est que par les multiples relations dans lesquelles il apparaît. « Telle est la raison pour laquelle les compositeurs, lorsqu'ils ont acquis le métier qui leur permet d'exprimer tout ce qui peut être exprimé dans une certaine direction, doivent s'efforcer d'obtenir la même plénitude dans la direction voisine, puis dans chacune des directions où la musique a la possibilité de se développer »[1]. (« This is why, when composers have acquired the technique of filling one direction with content to the utmost capacity, they must do the same in the next direction, and finally in all the directions in which music expands », *Style and idea*,

---

1. A. Schoenberg, « La nouvelle musique, la musique démodée, le style et l'idée » [*New Music, Outmoded Music, Style and Idea*, 1946], dans « Style et idée » (éd. Leonard Stein), II, *La Musique moderne*, 1, trad. fr. par Christiane de Lisle, Paris, Buchet-Chastel, 2011 [1977], p. 95.

1950, p. 40-41). L'idée d'une musique dans laquelle toutes les composantes seraient développées d'une manière analogue, et où elles œuvreraient ensemble au même titre, garde un parfum d'utopie. Et l'objection selon laquelle la structuration harmonique serait restée en-deçà de celle du contrepoint dans le système de composition propre à Schoenberg, le Dodécaphonisme, est si évidente qu'elle n'a même pas échappé aux zélotes du *common sense*[1] musical : mis au défi et froissés par le rigorisme schoenbergien, ils s'empressèrent de s'en emparer. Quoi qu'il en soit, cette cohérence entre les éléments de l'œuvre postulée par Schoenberg, où ils sont tous développés d'une manière analogue tout en étant richement différenciés, est bien l'un des critères sur lesquels peut s'appuyer l'essai d'un jugement motivé, même s'il faudrait sans doute y apporter quelques restrictions ou modifications dans le cadre d'une explication plus précise. L'instance opposée, précisément celle de ce *principe d'économie* contre lequel l'intégrité esthétique de Schoenberg se révoltait, rend mieux compte du succès que de la valeur des œuvres musicales.

De plus, rien ne nous égarerait autant que l'idée selon laquelle ce progrès du simple au différencié auquel Schoenberg pensait se résumerait simplement à une complexité croissante, visible au premier coup d'œil sur la partition. Il faut en effet distinguer la différenciation matérielle et perceptible – grâce à une palette rythmique ou harmonique plus large – de la différenciation catégoriale, qui exige de l'auditeur une pensée capable de saisir des relations. On ne saurait exclure qu'une évolution qui est progressiste apparaisse comme réductrice. Au regard de la variété rythmique de la polyphonie vocale, au temps où elle n'était pas encore soumise à ce que Wagner appelle la « quadrature » de la

---

1. En anglais dans le texte. Cette expression figurait volontiers en latin dans les chapitres précédents.

mesure, la rythmique du XVIIᵉ siècle, liée à la mesure, nous semble pauvre et restrictive.

Cette perte est pourtant largement compensée. Pour être précis, tandis qu'on se contentait dans l'ancienne rythmique mensurale de juxtaposer de simples quantités, la rythmique fondée sur la battue constitue une échelle de poids gradués : elle est dès lors bien plus différenciée[1] que le stade du développement musical qu'elle remplace. La rythmique s'enrichit alors d'une catégorie qui lui était étrangère au XVIᵉ siècle, du moins dans la musique savante. Il en va de même pour le passage de l'harmonie tonale à l'harmonie modale. La palette de successions harmoniques tolérées fut réduite de manière drastique au XVIIᵉ siècle, quand au contraire les relations entre les accords étaient renforcées et la cohérence harmonique – pour ainsi dire la conséquence logique des relations entre les sons – étendue au fil de formes de plus en plus vastes.

La difficulté de la tentative de formuler des principes esthétiques tient principalement au fait qu'il serait brutal de séparer les uns des autres les critères singuliers, autant qu'il est fâcheux de renoncer à l'usage familier de concepts qui restent prégnants même dans un usage ponctuel. Le critère du développement uniforme des éléments n'a guère de portée par lui-même. Dans l'esthétique de Schoenberg – et on peut nous accorder de parler de son *esthétique*, même s'il avait proscrit ce terme trop souvent utilisé contre lui par ses détracteurs[2] – ce critère implique l'existence d'une certaine résistance contre laquelle il faut s'efforcer d'imposer des liens plus étroits. C'est seulement à partir du moment où le contrepoint et l'harmonie ont atteint un certain degré d'autonomie, au point de commencer à diverger, qu'il devient profitable de les concilier

---

1. La structure de ce raisonnement est marquée par le style de pensée hégélien, tel que Dahlhaus l'a présenté aux chapitres 8 et 10.
2. C. Dahlhaus retrouve ainsi le *motto* de son livre puisque Schoenberg en ouvrait le premier chapitre.

dans le travail de composition ; et faute d'un foisonnement de formes musicales tel qu'il menace de dynamiter la forme, tout travail rigoureux sur les motifs reviendrait à porter des coups dans le vide.

Si l'on veut d'ailleurs éviter de le restreindre à la norme classique, le critère de l'accord d'ensemble entre les différents éléments demande à être modifié. Combien d'œuvres importantes, comme les symphonies de Mahler et avant lui celles de Bruckner, se distinguent par leur caractère composite et fragmenté ? Le déni de ce caractère se ferait au nom d'une fausse apologie, alors qu'une théorie de la critique, pour être bonne à quelque chose, doit plutôt leur rendre justice. Des catégories comme « l'ambivalence », « le paradoxe », « l'ambiguïté » et « l'ironie », bien installées dans la critique littéraire depuis longtemps, doivent aussi l'être dans l'esthétique musicale. Le fait que des éléments hétérogènes aient été contraints à partager une même œuvre ne veut pas dire que le résultat soit douteux ou l'œuvre ratée. Le Maniérisme est un style, ce n'est pas un manque de technique ou de moralité artistique. Dès lors, le simple fait d'identifier des ruptures ne signifie pas grand-chose. La problématique du jugement esthétique ne commence que lorsqu'il faut décider par des raisons si un désaccord constitue un manque ou peut être justifié en tant que paradoxe. La contradiction indéniable entre les formes adoptées, celles de la *Sonate* ou du *Rondo*, et la structure dodécaphonique, présente dans bien des compositions écrites suivant cette technique, n'est-elle qu'une simple inconséquence liée à cette achronie au sein des strates de l'œuvre ? [1] Ou est-il possible de la légitimer grâce au point de vue de l'Esthétique, par une interprétation qui renoncerait à la paresse de faire de la *cohérence* l'instance suprême ?

---

1. C. Dahlhaus construit cette opposition entre Schoenberg et Stravinsky en se souvenant de la *Philosophie de la Nouvelle Musique* d'Adorno parue neuf ans auparavant.

L'ambiguïté de ces éléments discordants est étroitement liée à celle qui régit le *négatif*. L'idée selon laquelle il existe deux groupes de qualités esthétiques, les unes positives, légitimes en soi, même considérées isolément, les autres négatives, dont la justification nécessiterait un contexte dans lequel elles assumeraient la fonction de contraste, bref, celle selon laquelle il existerait une hiérarchie dès le niveau des éléments, et non seulement à partir de celui des formes, provient du Classicisme. Le moulin de la négativité esthétique est alimenté par du vrai – quand elle est une caractéristique correspondant à certains faits – et par du faux, quand le jugement de valeur les déforme. S'il l'on ne saurait nier qu'une qualité négative comme un rythme confus ou boiteux, une dissonance brutale, une couleur fade ou malingre constituera toujours un moment insatisfaisant, on ne pourra s'empêcher de mettre en doute la conviction qui la réduirait à un simple accident dont la seule fonction serait d'interrompre ou de faire ressortir par contraste « l'harmonie », cette idole de l'Esthétique [1] lorsqu'elle pense être une philosophie du Beau. C'est un préjugé classiciste que de penser que le négatif est quelque chose de mineur, d'inférieur, en soi inacceptable et présent seulement pour rendre service. On ne voit pas pourquoi, *d'une part*, nous devrions préférer l'ennui que provoque une série régulière de qualités positives à celui qui naît de son extrême opposé, le dégoût causé par l'accumulation d'éléments négatifs. *D'autre part*, les éléments négatifs sont le moteur du parcours musical : le fait que la musique se déploie et s'étende, au lieu de rester collée sur place, ne lui est pas moins essentiel que son harmonie, à laquelle devraient se conformer toutes les parties d'une œuvre selon le dogme classiciste. Lorsqu'il est facteur d'avancées, le négatif devient un positif.

---

1. C. Dahlhaus emprunte une nouvelle fois le vocabulaire de Bacon.

De plus, le négatif, la dissonance au sens large du terme, est un élément décisif pour l'expression musicale emphatique qu'on associe avant tout depuis le *Lamento d'Arianna* de Monteverdi [1] à l'écart pris avec les normes stylistiques et compositionnelles. Ce qui fut à son apparition une exception, une infraction aux règles de la technique musicale ou du goût dominant, ne l'est pourtant pas resté. C'est là une contradiction interne de ce qui est expressif : s'il se vide de sa substance une fois établi, il doit bien pourtant devenir une formule, faire partie du vocabulaire disponible, afin d'être compris. Il est fréquent que la teneur expressive des motifs ou des accords ne s'accroisse que parce qu'ils se détachent de leur contexte. Une théorie de l'expression musicale qui voudrait s'approprier l'idée de Theodor W. Adorno selon laquelle les concepts esthétiques privés de leur corrélat technique sont vides, devrait chercher à établir comment ce qui ressort se détache et se distingue, d'une part du contraste complémentaire que même l'esthétique classiciste reconnaît comme un élément de son répertoire, et d'autre part de la simple juxtaposition de parties qui caractérise la mauvaise musique [2].

Il faudrait également se demander dans quelles conditions il serait possible, si c'est le cas, qu'une expression musicale maintienne intacte sa teneur sans être usée par l'accoutumance ni corrompue par l'imitation, comme c'est le cas pour l'impressionnisme des musiques de film [3]. Et la dialectique de ce qui est nouveau en musique est étroitement liée à celle de l'expressivité. Cela fait au moins cinq cents ans – depuis Johannis Tinctoris, un théoricien de la musique au XVe siècle [4] – que la nouveauté a été reconnue

---

1. Seul fragment subsistant de l'opéra créé en 1608.
2. Bien qu'il ne le nomme qu'ici, il faut considérer qu'une part importante de ce chapitre, ainsi que du chapitre 12, *supra*, est dirigée contre Adorno.
3. C. Dahlhaus dialogue avec l'idée adornienne d'une « usure de l'écoute ».
4. Voir *supra*, chapitre 3, p. 59.

comme l'un des critères décisifs dans le domaine de ce à quoi nous apposons l'étiquette de « musique savante », afin de la distinguer de la musique populaire. Tout cela malgré le mépris que les dénigreurs de la mode vouent à la « nouveauté », pour ne rien dire de ces critiques malhonnêtes du nouveau qui ne parlent de « mode » que pour dénigrer une musique restant hors de leur portée, quand ils n'hésiteraient justement pas à l'accepter, si elle était bien à la mode.

C'est un lieu commun que ce qui relève de l'habitude ne soit pas perçu, mais bien plutôt enregistré, et que les concepts qu'on porte avec soi fassent écran entre l'objet et nous, empêchant qu'on en ait une expérience impartiale. L'esthétique formaliste, surtout dans sa version russe, en fit le point de départ d'une théorie de l'art dont la catégorie du *nouveau* constitue le centre. Seul ce qui est inattendu et stupéfiant au point d'échapper à toute forme de réaction routinière aura la chance d'être perçu de manière esthétique et d'être hissé au rang d'objet d'une contemplation qui s'immerge dans ce phénomène et les traits particuliers qui le composent, au lieu de les subsumer rapidement sous un concept sans tenir compte de son *caractère* et de sa *teneur* particulière. Le fait que la théorie formaliste ait été liée avec la pratique littéraire du Futurisme – et cela même d'une manière si étroite qu'on peut dire que ce fut son idéologie, sans que cela signifie qu'on en déprécie les intuitions – n'exclut pas que le formalisme puisse aussi expliquer et défendre son extrême opposé, le recours à l'archaïque. La restauration de ce qui est passé depuis longtemps partage en effet avec la révolution esthétique une tendance à faire naître la stupeur et à arracher la perception à ses habitudes par l'étonnement qu'elle suscite. C'est justement ainsi qu'il peut y avoir une perception au sens plein du terme.

Si c'est dès lors une fonction de la nouveauté que de rendre des phénomènes perceptibles au sens esthétique, il est aussi vrai en retour que la mode altère le regard sur l'objet et son contenu. La mode souffre d'une contradiction interne : elle doit bien sûr faire appel à la nouveauté, pour se distinguer du passé, mais elle est en même temps contrainte, dès son apparition, à s'établir comme une convention. C'est pourquoi elle est toujours, pour ainsi dire, en train de se fuir. En tant que convention, elle sombre cependant dans une perception appauvrie, d'une valeur superficielle : elle ne saisit pas la nature particulière d'un phénomène, mais l'enregistre comme un simple signe de l'*up to date*. La nouveauté de la mode est abstraite. On pourrait sans lui faire violence (c'est-à-dire sans la changer essentiellement) troquer celle du jour contre celle de la veille. C'est ce qui lui permet de changer par ruptures soudaines : la mode est discontinue. Ce qui est décisif pour elle n'est jamais son contenu, mais la simple forme de son enveloppe toujours nouvelle. Même lorsqu'elle se fait la copie d'avant-hier, la mode reste sans tradition. Dans ce qui est nouveau vraiment et substantiellement, la tradition est conservée dialectiquement, quand bien même ce ne serait que sous la forme explicite d'une négation, celle par laquelle l'apparition soudaine de l'atonalité chez Schoenberg s'oppose à la tradition. La nouveauté se nourrit de la tradition tout en s'en démarquant, par le contraste même. C'est pourtant au nom de cette *perte* que la critique conservatrice s'emporte lorsqu'elle reproche au *nouveau* d'être une simple mode. La relation à la musique du passé devint un lien conscient au XIXe siècle, pour la musique symphonique tout aussi bien que pour l'opéra ou le *Lied*; elle possède une pertinence non seulement sur le plan historique mais aussi pour l'Esthétique. C'est un aspect des œuvres à part entière car il fait partie de leur essence d'être liées aux œuvres précédentes, peu importe que ce soit pour se conformer à elles ou s'en éloigner. Le lien historique – celui de Brahms à Beethoven ou du Wagner de *Lohengrin* au Weber d'*Euryanthe* – fait pour ainsi dire partie de leur écriture et doit être perçu par l'auditeur connaissant la tradition exigée par la musique. C'est un des signes distinctifs du XIXᵉ siècle : la pulsion vers le toujours nouveau et la conscience de sa dépendance à l'histoire se sont développées en même temps. Et ces deux extrêmes n'y produisaient pas simplement des effets séparés, mais interagissaient ensemble, précisément dans les œuvres des compositeurs les plus importants.

L'opinion selon laquelle la ténacité grâce à laquelle une œuvre musicale résiste au devenir éphémère et survit dans la pratique ou du moins dans les mémoires serait déterminante, est devenue une *communis opinio* [1]. Plus personne ne la remet en doute, surtout pas le public, tant il se sent conforté et à l'aise dans sa conscience d'être l'instance ultime. Et plus la confiance en l'infaillibilité et l'impartialité du jugement de la postérité est profondément enracinée, moins on tend à examiner les avatars de la survivance, malgré leur évidente diversité. On n'analyse pas non plus les raisons pour lesquelles certaines œuvres sont préservées et d'autres oubliées. Elles ne tiennent pourtant pas toujours à l'objet, c'est-à-dire à la qualité de la musique. Croire qu'une œuvre ne doit sa survivance décennale ou séculaire qu'à soi-même, à sa structure ou à son contenu expressif, c'est une superstition des modernes. Les différences entre les formes de survivance sont telles qu'on ne saurait en imaginer de plus marquées. L'un des extrêmes est le caractère inusable de bien des thèmes anonymes (ou qui le sont devenus), et qui comme la *Paloma* [2] ont réussi à devenir centenaires inopinément, sans qu'aucune restauration n'ait été nécessaire, qu'elle soit motivée par les joies de la découverte ou celles du commerce. L'autre extrême est constitué par une sorte de gloire littéraire qui s'attache au nom du compositeur plus qu'à son

---

1. Une « opinion commune ».
2. Chanson écrite sur un rythme de Habanera par le Basque Sebastian Iradier, vers 1863, enregistrée plusieurs milliers de fois et employée dans de nombreux films.

œuvre, et reste comme la connaissance morte de notions historiques révolues. L'art de Machaut [1], de Josquin [2] ou même de Monteverdi est fossilisé [3], et la tentative de le rendre vivant hors d'un petit cercle devrait rester peine perdue... à moins que le lointain historique ne se mue en un plaisir esthétique où l'archaïsme et l'austérité deviennent pittoresques, ce qui veut dire qu'on les méconnaît et qu'on les comprend mal. Par ailleurs, bien des choses isolées dans leur passé lointain ont été conservées et transmises, comme le chant grégorien, dans la mesure où leur caractère d'institution les a préservées de la soumission au jugement esthétique. Les jugements esthétiques seraient d'ailleurs sans pertinence, si ce type de chant avait jamais à s'en inquiéter. De même, celui qui dénigrerait par ses critiques un hymne national comme banal ou raté, serait accusé d'anarchisme et non de manquer de sensibilité esthétique.

Ceux qui ne sont pas anglais soupçonnent volontiers qu'il y ait aussi une certaine composante institutionnelle derrière le prestige d'Edward Elgar [4]. Il ne faut pas négliger cependant que ces aspects confluent imperceptiblement, et que l'institutionnel tend à se fondre en impression esthétique ou à se masquer derrière elle. On ne peut nier d'autre part que la gloire d'Anton Bruckner soit de

---

1. Guillaume de Machaut [vers 1300-Reims, 1377] marqua durablement, au XIVe siècle, la production musicale européenne, notamment par sa contribution au développement de la polyphonie.

2. Josquin des Prés [Beaurevoir, vers 1450-Condé-sur-l'Escaut, 1521], figure principale de l'école franco-flamande, connut dès son vivant un très grand prestige.

3. Si Dahlhaus se trompe ici dans sa prédiction, on peut noter en sa faveur que les œuvres de ces trois compositeurs n'ont commencé à être redécouvertes et rejouées qu'à partir des années cinquante. Ce mouvement, visiblement, lui avait en partie échappé, bien qu'il ait fait sa thèse sur les Messes de Josquin des Prés (université de Göttingen, 1953).

4. Sir Edward Elgar [Lower Broadheath, 1857-Worcester, 1934], compositeur anglais, jouit toujours dans son pays d'un succès considérable. Son œuvre s'est mieux exporté que ne le prévoyait Dahlhaus.

même limitée géographiquement[1] ; et qui se hérisse à l'idée de cette comparaison se rend coupable de ce même préjugé national qu'il reproche aux autres.

Cette fondation institutionnelle de la longévité n'est pas différente d'une fondation fonctionnelle, même si les raisons pratiques peuvent prendre dans ce cas le pas sur les émotions. Le concerto pour violon de Tchaïkovski et le concerto pour violoncelle de Dvořák seront tenus pour immortels – pour des décennies ou des siècles – tant qu'ils ne seront pas évincés et remplacés par d'autres œuvres remplissant la même fonction. Un critique s'en tenant à l'esthétique et à la technique compositionnelle, quelle que soit la validité de ses raisons, reste sans effet face aux exigences de l'industrie musicale, où se mélangent confusément l'inertie et la contrainte. Ce n'est que lorsque Bartók et Berg seront promus au rang de classiques – même si on doute qu'il faille le leur souhaiter – que Tchaïkovski cessera d'être considéré comme faisant partie de la même classe.

La gloire d'une œuvre peut pâlir sans que cela signifie pour autant qu'elle sera moins jouée. Certaines œuvres de Liszt[2] ou de Grieg ont presque totalement disparu des programmes des orchestres. Mais c'est pour s'installer dans un autre répertoire, celui de la musique de divertissement. Elle cherche à s'anoblir en s'attribuant l'adjectif « raffiné », quand elle adapte et consomme ces œuvres, interdisant par cela même leur retour dans les salles de concert. Il n'est guère de compositeur du XIXe siècle qui soit épargné par cette trivialité rampante.

Un petit nombre d'œuvres se détache de la masse indistincte de ce qui a survécu pour des raisons institutionnelles ou fonctionnelles,

---

1. C. Dahlhaus n'a pu lors de la rédaction de ce texte voir naître le goût du public d'aujourd'hui pour la musique de Bruckner, grandement aidé par l'apparition du microsillon à partir des années 60.
2. Notamment les *Poèmes symphoniques* évoqués dans le chapitre 10, *supra*, p. 128 *sq.*

quand ce n'est pas simplement par la routine. On peut dire d'elles qu'elles n'ont pas seulement été préservées, mais qu'elles ont une histoire où leur sens s'épanouit. Dans ce meilleur des cas, cela veut dire que les changements survenus dans l'interprétation – qu'il s'agisse de la pratique musicale ou de la lecture du texte – furent des découvertes au cœur même de l'œuvre, et non une simple colorisation nouvelle venue de l'extérieur, fruit d'un changement dans cet Esprit du Temps aussi souvent invoqué que raillé depuis un siècle et demi.

Le fait qu'une œuvre autorise des interprétations ou des réalisations différentes et également pertinentes est un des critères décisifs de sa valeur. Est-il besoin de souligner que nous n'entendons pas par de telles interprétations ces *déformations* dont la quantité est en principe virtuellement illimitée, quelle que soit la musique, même la plus mauvaise ? Disons-le avec un peu de pédantisme : pour être digne de ce nom, une interprétation doit remplir trois conditions.

Premièrement, elle ne doit pas passer outre le texte ;

Deuxièmement, elle doit être cohérente et ne pas englober de contradictions ;

Troisièmement, l'exécution de l'œuvre ne doit pas se contenter d'ânonner la partition.

On ne peut cependant parler au sens strict d'un déploiement dans l'histoire[1], laissant progressivement apparaître ce que l'œuvre recèle, qu'à partir du moment où les interprétations diverses qui en sont données ne restent pas simplement juxtaposées, mais sont lues avec la conscience claire de leur interdépendance latente. On ne niera pas que bien des interprétations restent inconciliables en pratique, tant et si bien que le seul résultat de ce *besoin de synthèse* serait un nivellement épigonal. Mais cela n'interdit pas pour autant

---

1. C. Dahlhaus répond ici à Spitta, évoqué *supra* au chapitre 12, p. 146 *sq.*

qu'elles puissent former au sein de la théorie – à qui revient la tâche d'expliquer comment des divergences extrêmes sont possibles – un contexte au sein duquel une interprétation nouvelle pourrait advenir.

Une pratique musicale qui croit pouvoir se passer de la théorie et de la critique se retrouve en effet dans le même état que l'intuition chez Kant : aveugle tant qu'elle reste sans concept. C'est naturellement le devoir d'une critique explicite, et non celui d'une simple opinion manifestement inarticulée, que de reformuler inlassablement, dans un procès jamais achevé, le contexte historique dans lequel s'insèrent les œuvres musicales et leurs interprétations. L'idée selon laquelle la survivance de la musique mérite réflexion devrait être une évidence pour le domaine musical, autant que pour la littérature où c'est le cas depuis longtemps. La pratique quotidienne de la critique, l'évaluation de ce qui a été réussi ou manqué, demande pour complément une critique interprétative tenue par une conscience historique qui suive les changements survenant dans le répertoire et la structure de la tradition.

Rien ne serait plus faux cependant que de penser qu'on découvre l'actualité du passé lorsqu'on lui donne la forme stylisée d'une préhistoire du présent. Puisque la conscience du passé est la remémoration du processus qui mène au présent, ce qui nous concerne dans le passé est ce qui nous y est étranger, bien plus que ce qui nous y ressemble. La quête des formes annonciatrices de la modernité est bien moins féconde que la redécouverte de repères et de pensées esquissées que l'histoire a jusqu'ici laissées de côté. Et découvrir dans ce qui a été oublié quelque chose que le présent pourrait utiliser, même de manière indirecte, n'est pas la moindre motivation de l'historien.

postface
Dahlhaus et Helmholtz : quand l'esthétique se tourne vers l'histoire des sciences dans le champ de la musique

Il y a un cheminement que ces deux publications chez Vrin, *Du son à la musique, Mach, Helmholtz, Dahlhaus*[1] et celle-ci, indiquent de l'une à l'autre. Ce cheminement est parti de mes intérêts pour la philosophie du Cercle de Vienne orientés à un moment donné de mon parcours, vers la musique, par le besoin de travailler sur Helmholtz tout particulièrement, et aussi parce que j'avais en tête d'accomplir plus tard un travail plus personnel sur Wittgenstein et la musique[2]. Je vais m'en expliquer.

Pour revenir à ce projet commencé en 2004 que j'ai pu mener grâce à une délégation au CNRS, le collectif que j'ai conduit à son terme intitulé *Du son à la musique, Mach, Helmholtz, Dahlhaus*

---

1. *Helmholtz. Du son à la musique*, P. Bailhache, A. Soulez et C. Vautrin (dir.), avec des textes de Hermann von Helmholtz, Enst Mach, Carl Dalhaus, Paris,Vrin, 2011.
2. A. Soulez, *Au fil du motif. Autour de Wittgenstein et la musique*, « Musique & Philosophie », Delatour-France, Sampzon, 2012 avec une aide du CNL.

est la forme aboutie d'un projet que j'ai ensuite développé parallèlement à un travail mené en séminaire à partir de 2006, sur l'autonomie du musical au sein de l'équipe CICM, dirigée par le compositeur-chercheur Horacio Vaggione. Le CICM est l'équipe – à l'époque ancrée à la MSH Paris nord, en lien avec l'université de Paris 8-St Denis – à laquelle j'étais alors associée. Les coéquipiers pour ce travail sur Helmholtz furent Patrice Bailhache et Céline Vautrin.

Ce travail comportait des inédits : une présentation en 1866 par Ernst Mach, de la *Psychophysiologie der Tonempfindungen* de Hermann von Helmholtz [1] parue trois ans plus tôt, traduite par Céline Vautrin, et une traduction (de Pietro Blaserna en 1877) révisée par Céline Vautrin, du texte sur les « Causes physiologiques de l'harmonie », conférence prononcée en 1857 à Bonn, ville natale de Beethoven, par Helmholtz. J'eus alors l'idée d'y adjoindre un écrit de Carl Dahlhaus sur Helmholtz : « Hermann von Helmholtz et le caractère scientifique de la théorie de la musique » que le musicologue allemand avait publié en 1970 [2].

Ce que montre l'article de Carl Dahlhaus traduit par les soins de Céline Vautrin dans ce collectif, et que j'avais tenu à y insérer, m'a permis de tirer vers l'actualité les questions sur la dissonance discutées entre savants et théoriciens de l'harmonie dans la deuxième moitié du XIXe : si Helmholtz représente un naturalisme de méthode, il est un antinaturaliste en puissance sur le plan de la conception du système des sons. Il écrit : « Pas plus que l'ogive gothique, nous ne pouvons considérer nos gammes majeures comme un produit de la nature, du moins pas en un autre sens que celui auquel on peut considérer que toutes deux sont la

---

1. J'ai pu me procurer ce texte grâce à Claude Debru.
2. F. Zaminer, *Über Musiktheorie. Referate der Arbeitstatung 1970*, Berlin, Cologne, Arno Volk, Verlag Hans Gerig, 1970, traduit dans notre *Helmholtz, du son à la musique, op. cit.*, p. 201. Mon étude de ce texte suit sous le titre « Qu'est-ce qu'"être naturel" pour un son ? », *ibid.*, p. 213.

conséquence nécessaire et conforme à la nature des choses du principe de style qu'on a adopté ». Ainsi, l'attente dans les fonctions harmoniques de tonique, de dominante, et de sous-dominante n'est pas celle d'un système établi sur la nature contrairement à ce qu'affirme la « dogmatique » de théoriciens comme Hugo Riemann notamment.

L'apport de Helmholtz consiste en particulier dans l'approche des accords dissonants entre lesquels Schoenberg verra une « logique » sous-jacente[1], l'explication de la dissonance par les battements jugés moins agréables à l'oreille, combattue par Mach quand les harmoniques des sons ne coïncident pas et ne sont donc pas apparentés. La parenté entre différents sons complexes, au contraire, expliquerait la consonance. Font critère le nombre et l'intensité des harmoniques en commun entre deux sons. Helmholtz a préparé le terrain à la reconnaissance par les « musiciens éduqués » d'un « équivalent conceptuel » de l'accord consonant, à savoir l'accord dissonant, lequel, ayant perdu tous les attributs négatifs que la valorisation de l'accord consonant avait d'abord générés, va conduire au dépassement du cadre jusque là considéré comme « naturel », du système des sons. Il apparaît que Helmholtz n'a pas considéré ce « cadre » comme « fatalement naturel ».

Comme Mach l'a bien senti, Helmholtz est le premier à avoir fait de cette « naturalité » une question qui se pose. Il écrit à son propos, dans sa *Contribution à l'analyse des sensations* [1886], qu'« avec la simple naturalité d'un phénomène, aucun enquêteur scientifique ne peut demeurer satisfait car c'est précisément cette naturalité qui demande explication »[2]. Bien sûr, la dissonance

---

1. Voir à ce sujet Carl Dahlhaus, « la Construction du disharmonique », dans la « Correspondance de Schoenberg avec Kandinsky, 1911-1912 », *Contrechamps*, n°2, 1984, sur l'élément de construction et l'aspect inconscient de la logique de ces séquences dissonantes, à propos de la « sonorité jaune » de Kandinsky que Schoenberg compare à son drame musical *La Main heureuse*.
2. Je renvoie ici à mon texte dans *Du son à la musique, op. cit.*, p. 215-216.

était reconnue depuis longtemps, Schoenberg prenant même en exemple celles que cultive Bach dans ses *Inventions*. Ce qui est nouveau est leur quantification mais aussi le sentiment qui peu à peu se fait jour que les dissonances et pas seulement les consonances peuvent être agréables. A l'âge classique, Mersenne est le premier à proposer un classement des dissonances. Patrice Bailhache note qu'il devance Descartes en déclarant qu'il n'y a pas pour lui de distinction tranchée entre consonance et dissonance. Pour Galilée, la dissonance est rapportée à des vibrations discordantes hors de toute proportion rationnelle. Seule la régularité produit le Beau. Certes, Helmholtz est ambivalent vis-à-vis du système tonal et de son caractère « naturel ». La « tonique » demeure pour lui le point de départ et le point d'arrivée de toute la musique. Cette ambivalence est notable quand on se reporte à sa *Théorie physiologique des sensations auditives*[1]. Là, Helmholtz fait droit aux « dissonances mordantes et aux modulations inusitées »[2]. Il note que, dans la musique de son temps, on recourt à l'excès à l'accord dissonant de septième. Les accords consonants se font plus rares en sorte que la dissonance l'emporte sur la consonance. Il le déplore aussi « pour le développement ultérieur de l'art », en regrettant la disparition des « exigences naturelles de l'oreille », à savoir : la tonique, le son fondamental, et l'accord de la tonique. En même temps, il reconnaît que l'harmonie des accords consonants n'a plus toute sa pureté »[3]. Helmholtz rappelle encore que « le système

---

1. H. Helmholtz, *Théorie physiologique des sensations auditives*, Paris, Jacques Gabay, 1990 (reprise de la traduction par Georges Guéroult, publiée en 1868).
2. H. Helmholtz, *Théorie physiologique des sensations auditives*, *op. cit.*, p. 432.
3. *Ibid.*, p. 328. L'idée que « l'harmonie des accords consonants n'a plus toute sa pureté » laisse percer d'autres importantes réserves de Helmholtz vis-à-vis du tempérament égal (égalité des 12 demi-tons tempérés). Le tempérament a apporté une solution à une certaine « fausseté » intrinsèque au principe de la division du continuum sonore en intervalles. Comme le montre Patrice Bailhache dans son histoire de l'acoustique, on n'a donc cessé de chercher autre chose, en vue d'un découpage « plus exact », introduisant moins de « compromis » dans le découpage de la gamme. Dans nombre de tentatives *réparatoires*

moderne (dans lequel il dit avoir été élevé, pensant à Mozart ou Beethoven), est le produit, non d'une aveugle fatalité mais d'un principe de style librement choisi » [1].

Cette ambivalence paraît moins confuse si l'on prend en compte la distinction marquée par Helmholtz lui-même, et soulignée par l'article de Dahlhaus en 1970, entre deux plans : 1) le plan des conditions de départ données dans la nature, et 2) celui du principe de style ouvrant à d'autres systèmes librement choisis. Les faits « naturels » restent soumis à révision. L'histoire et le développement sont ainsi possible. Même nos intuitions empiriques « évoluent ».

Cependant, progressivement dans le prolongement de cette publication, le travail autour de Helmholtz devint pour moi le centre d'une nouvelle configuration d'intérêts. J'avais inséré un texte de Carl Dahlhaus, déjà dans ce volume collectif, parce que, comme je viens de le préciser, c'était l'état de la question aujourd'hui qui retenait mon attention bien plus que, en elle-même, l'approche historique des débats et controverses concernant l'apport de Helmholtz ou ses limites.

Deux questions émergeaient en particulier de ce dossier, suggérant deux regards sur la pensée de Helmholtz : 1) le rapport entre deux contemporains, Mach et Helmholtz, tous deux scientifiques et s'intéressant à l'harmonie, mais aussi 2) le thème helmholtzien d'une « grammaire inférieure » de nos sensations car Helmholtz

---

du tempérament égal, la « justesse est sacrifiée ». Mais « il n'y a pas de solution idéale quand il s'agit de concilier trois choses : 1) obtenir des intervalles justes, 2) pouvoir moduler et transposer librement (par exemple en modulant sur sol dièse et la bémol, qui correspondent à une même touche au piano), et 3) disposer de claviers jouables ». Voir à ce sujet H. F. Cohen, *Quantifying Music*, « The Science of Music at the First Stage of Scientific Revolution, 1580-1650 », Springer, 1984, p. 216.

1. H. Helmholtz, *Théorie physiologique des sensations auditives, op. cit.*, p. 328.

s'intéressait au soubassement physiologique des causes de l'harmonie, causes aussi de la jouissance de l'artiste [1].

La jouissance n'est justement pas l'émotion esthétique. Helmholtz avait retenu la critique hanslickienne du contenu sentimental de la musique dont on reparle aujourd'hui dans les réflexions sur la musique et les émotions. La jouissance est source de création. L'émotion est esthétique et ne permet pas d'embrayer sur la création de formes musicales. Les sensations traduites en symboles, innovation saluée plus tard par Ernst Cassirer, montrent que c'est par un certain « langage de l'organe » que nous sommes informés sur le monde extérieur. C'est vrai des sons comme des couleurs. Cette symbolisation s'appuie sur l'idée que, faute d'une imitation de la nature, particulièrement inadéquate chez le musicien, ce qui s'est développé est une langue de l'« organe sensoriel » pour l'art considéré. Là encore, l'hypothèse rejoint l'importance donnée par l'historien viennois de la musique, Eduard Hanslick, au langage. Pourtant Hanslick qui défendait un point de vue scientifique sur le Beau [2], n'a pas suivi Helmholtz dans ses explorations psychophysiologiques qu'il a peut-être regardées d'un peu haut. La deuxième grande source d'intérêt de la pensée de Helmholtz à mes yeux était l'interprétation par le musicologue allemand contemporain Dahlhaus lui-même, d'une démarche novatrice dans le champ des sons et de l'audition des sons, centrée sur ces questions helmholtziennes dans une période qui va de 1855 à 1863. Revenir à ce texte de 1970 permettait de mesurer *in concreto* une préoccupation épistémologique tournée vers l'histoire des

---

1. Helmholtz, critique de l'esthétique comme le sera aussi Schoenberg qui l'assimilait à un « discours superflu » (ce que rappelle Dahlhaus au premier chapitre du présent volume), s'adressait avant tout aux artistes, à savoir aux « musiciens éduqués », et jugeait la musique européenne de son temps chargée de trop de fioritures : justement parce qu'il lui fallait compenser ainsi l'absence d'une sensibilité de l'oreille réellement affinée au son.
2. Hanslick, *Du beau musical* (1854), nouvelle trad. en français par A. Lissner avec une préface de J.-M. Le Lannou, Paris, Hermann, 2012.

sciences, de la part de Dahlhaus, et conduisant à réévaluer l'apport de Helmholtz dans une perspective plus contemporaine que les controverses sur l'Harmonie auxquelles avaient été mêlés Mach et Helmholtz.

Pour cette raison, l'ouvrage collectif que j'avais coordonné, centré sur Helmholtz, n'était pas linéaire. Il entendait selon moi développer par les choix de traductions et leurs présentations une ligne de réflexion sur deux axes : 1) celui, situé, d'une certaine « science » et de son éclairage sur la théorie musicale, et 2) celui, rétrospectif, qui évalue cet apport du point de vue d'aujourd'hui, entendez « l'aujourd'hui » de Carl Dahlhaus. Deux historicités, et non une seule, m'ont paru devoir être convoquées en vue de cerner une controverse entre deux grands savants qui seront dès la fin des années 20 du siècle dernier, reconnus en tant qu'« *Erkenntnistheoretiker* » et considérés à ce titre comme les illustres prédécesseurs du Cercle de Vienne, en particulier, comme on sait, Ernst Mach qui l'a inspiré à l'origine. Non seulement, il me plaisait de souligner l'idée que la science musicale pût être, latéralement, de la partie dans la formation du Cercle de Vienne, mais aussi de comprendre en quel sens la musique qui parle alors à la science en devenir contribue à sa façon à l'histoire de la rationalité scientifique au XXᵉ siècle.

Certes, les styles sont différents. Il y a celui d'un écrit populaire pour Mach, qui se veut une introduction pour présenter de façon plutôt bienveillante les thèses de Helmholtz. Il s'agit d'un hommage visant à faire connaître ses travaux dont la réception fut pourtant problématique (voir à ce sujet les travaux de Daniel Cahan, aux Etats-Unis [3]). C'est plus tard que Mach se révèlera très critique envers les thèses de Helmholtz, notamment dans un chapitre sur les « Sensations auditives » (*Tonempfindungen*) dans *l'Analyse des*

---

3. D. Cahan (éd.), *Hermann von Helmholtz and the Foundations of Nineteenth-Century Science*, Berkeley, University of California Press, 1993.

sensations citée plus haut. Quant à ces dernières telles que Helmholtz les envisage, le lecteur les trouve saisies en pleine gestation, comme s'énonçant dans un style oral qui oscille entre poésie et considérations scientifiques, ainsi qu'il sied à une conférence qui fut donnée à Bonn, capitale de Beethoven où Helmholtz venait d'être nommé. Avec ces styles déjà différents, il est clair que le ton engagé du musicologue-philosophe allemand de la deuxième moitié du XXᵉ siècle qui écrit en 1970 donc depuis son époque, tranche encore plus fortement. Ce qui m'a paru remarquable est sa façon de nouer ensemble esthétique et épistémologie.

Dahlhaus a consacré, au chapitre 9 de ce livre, intitulé : « La querelle du formalisme » des pages à Hanslick qu'on sait avoir été cité très favorablement par Helmholtz, son contemporain, dans son introduction à la *Théorie physiologique des sensations auditives*. Il est désormais bien connu que l'on doit à Hanslick l'idée de musique comme langage dont le contenu est, écrit-il, « les formes sonores en mouvement », distinctes de la « dynamique des sentiments ». Ces sortes de motions ne sont donc pas des affects émotionnels même si elles ne l'excluent pas. Les travaux de Julien Labia en particulier sur Hanslick m'ont convaincue de l'intérêt de poursuivre la tâche sur la question de « l'autonomie du musical », engagée dans mon séminaire à la MSH PN depuis 2006. Avec Helmholtz, Dahlhaus partageait une méfiance similaire vis-à-vis des spéculations métaphysiques.

Dahlhaus montre en effet sur pièce l'intérêt qu'il y a à se tourner vers l'histoire des sciences et l'épistémologie. C'est une partie de son programme. Eminent musicologue du XXᵉ siècle, insuffisamment connu chez nous, d'où l'initiative d'en confier la traduction à J. Labia et à son groupe, il est témoin du tournant de la musique fin XIXᵉ avec le rôle central désormais reconnu au matériau sonore, dont on ne peut plus faire abstraction si l'on parle de musique. C'est pourquoi la question de « *se détourner de la pensée du matériau ?* », titre d'un article de 1984, reste posée [1]. Dahlhaus y suggère de penser « en musique » de façon immanente à la composition (et non « sur la » musique). L'expression est restée obscure pour nous, Horacio Vaggione, Makis Solomos et moi-même, au temps où nous présentions l'article livré pour la première fois en traduction française, dans *Formel informel* paru en 2003 [2]. Nous en avons longuement discuté dans des entretiens entre nous, parus en postface de ce volume. Le slogan matérialiste adornien de « fétichisme du matériau » inviterait à résister contre le *diktat* du matériau dont l'essence aurait supplanté un « esprit objectif » guidant l'histoire, pour considérer la subjectivité du compositeur, contre l'idole que les compositeurs ont eux-mêmes créée. Personnellement, je suis entrée dans Dahlhaus par cette porte.

Des écrits de Dahlhaus sur la *Nouvelle musique* [3] où il observe la dégradation de l'œuvre musicale aujourd'hui, déplorent le déclin comme il dit des systèmes de cohérences, à savoir l'*asémantisme* et l'*amorphie* qui la guettent sous prétexte de s'opposer à toute force aux lois immuables de ce qu'*est* la musique. Il juge sévèrement l'apport de l'électronique où il voit une brèche dans l'historicité de la musique, mais refuse d'adopter le point de vue d'une nécessité interne de l'histoire comme Adorno, dont il ne partage pas la théorie matérialiste de l'histoire avec un grand « H ». A l'opposé de Cage, il ne marche avec le bruit que si celui-ci reste un « son musical » esthétiquement parlant [4]. Il reste ainsi plus « autonomiste » s'il s'agit de défendre l'esthétique seule capable de transformer le

1. En allemand : « *Abkehr vom Materialdenken ?* ». Cf. note ci-après.
2. Voir « Lectures de Dahlhaus », dans M. Solomos, A. Soulez et H. Vaggione, *Formel Informel*, Paris, L'Harmattan, 2003, p. 180, et la traduction de l'article de Dahlhaus par Karin Adelbasch, *ibid.*, p. 33.
3. De 1965 à 1997, traduits par H. Hildebrand et publiés chez Contrechamps à Genève en 2004.
4. Ce qu'il dit notamment dans son texte sur la « Désagrégation de l'œuvre musicale », dans ses écrits sur la nouvelle musique, en 1971.

bruit en son musical, à condition de partir des qualités de l'objet mais objet choisi, et non n'importe lequel, ce qui est la seule façon de préserver les relations internes entre les sons vis-à-vis des relations externes. Alors domine l'esprit de « composition » ! C'est exactement ce que Cage met en péril, en mettant fin à l'idée même d'un « langage musical » doté d'un sens. Le philosophe perce ici, qui explorera en effet dans son grand livre *l'Idée de la musique absolue* [1978] à partir de l'esthétique de la musique romantique écrit quelques années après un « Plaidoyer pour une catégorie romantique dans la musique la plus nouvelle » [1969], du moment, dit-il, que le concept d'œuvre d'art reste sauf !

De lui, Nattiez écrit qu'il est « plus philosophe que musicologue » dans *Musiques au xxᵉ siècle* [1]. Philosophe, oui, mais il avance sur la scène entre deux traditions herméneutique et analytique alors que ces traditions se faisaient à l'époque la guerre, chacune se revendiquant comme la plus représentative du meilleur paradigme de la compréhension des sciences historiques. Aujourd'hui, ces conflits sont dépassés. La philosophie analytique louche vers la compréhension, et la phénoménologie flirte avec la philosophie analytique. Il en ressort toutes sortes de courants bigarrés. Mais, conscient du dilemme de l'époque, et de la controverse entre expliquer et comprendre, Dahlhaus se montre encore fortement marqué d'herméneutique malgré son intérêt plus épistémologique, et partant moins enclin à céder au style jugé parfois lourd et obscur de la spéculation idéaliste. Des pages de ses *Fondements de l'histoire de la musique* [2] sur la méthode de compréhension historique montrent qu'il en voit aussi les limites, si celle-ci conduit à privilégier une compréhension trop axée sur l'intentionnalité, sur

---

1. Carl Dahlhaus, *Fondements de l'histoire de la musique*, présenté et traduit par M.-H. Benoit-Otis, Arles, Actes Sud/Cité de la Musique, 2013.
2. *Musiques. Une Encyclopédie pour le xxiᵉ siècle*, tome 2 : *Les savoirs musicaux*, J.-J. Nattiez (dir.), Arles, Actes Sud/Cité de la Musique, 2004.

l'analyse des œuvres musicales, sur la rationalité à l'œuvre dans la composition et la formation des sons.

Comme pour ajouter un correctif ou une nuance, J.-J. Nattiez ajoute en ce sens que Dahlhaus est sans doute « plus pragmatique que philosophe » ! Cela est plus étonnant et semble suggérer que si l'on est pragmatique, on est moins philosophe. C'est sans doute l'indication que Dahlhaus tourne le dos aux considérations abstraites telles celles d'Adorno dans sa *Philosophie de la nouvelle musique*. Philosophiquement cruciale encore est sa réflexion sur la forme interdépendante du contenu, dans son rapport à la matière et dont la notion est transformée, depuis l'émancipation du timbre. L'idée d'une forme-contenu ou contenu formel puise à une source éminemment hanslickienne. En interprète attentif de la forme au sens interne de l'« esprit » dont le travail, selon Hanslick, porte sur le matériau, Dahlhaus reconnaît en ce prédécesseur un théoricien de l'autonomie de l'œuvre considérée comme tout objectif doué de sens inactuel en son temps, mais actuel pour nous.

Je suis reconnaissante à Julien Labia qui montra beaucoup d'enthousiasme, entouré de volontaires prêts à faire un travail pour la beauté de la chose de façon aussi zélée que désintéressée. Depuis, notre collaboration continue sous diverses formes sur philosophie et musique[1].

Il suffit de lire « détours terminologiques », vingt pages de son livre *L'Idée de la musique absolue*[2], pour mesurer l'importance et la difficulté de traduire Dahlhaus. Cette tâche exige de prendre en compte l'aspect stratifié de ses nombreuses références

---

1. Nous menons notamment une collection chez Delatour-France depuis 2012, année où parut mon recueil d'articles *Au fil du motif, autour de Wittgenstein et la musique* (trois volumes parus et de nombreux autres en préparation).

2. Carl Dahlhaus, *L'Idée de la musique absolue. Une esthétique de la musique romantique*, traduit par M. Kaltenecker et révisée par le groupe de Ph. Albera, Genève, Contrechamps, 1997.

philosophiques et littéraires puisées à différentes traditions, sans compter l'effort de se tourner vers d'autres champs en direction d'un public de lecteurs davantage rompus aux approches du langage, notamment dans le monde anglo-américain [1].

---

1. Un milieu auquel la traduction anglaise s'adressait également. Dans une préface destinée au public anglophone, écrite en 1982 par J. B. Robinson, le traducteur en anglais de ce livre (Cambridge University Press 1983), la difficulté des termes allemands est soulignée comme due en partie à la « tradition idéaliste » allemande qui était celle de Dahlhaus, alors que cette tradition, peu enseignée dans les universités anglo-saxonnes, ne parlait guère aux Anglais.

index des noms

table des matières

Imprimé en France par CPI
en novembre 2015

Dépôt légal : novembre 2015
N° d'impression : 131825